Aos meus !
Ivon a Leide
Com muito carinho

Coimbra, 23 i dezebro de 2018.

KUMBU NO KAFOKOLO

SEGREDOS BÁSICOS PARA O SUCESSO E ESTABILIDADE FINANCEIRA

CHRISTIAN EDITING
Primicia Digital

HUMBERTO SOLANO COSTA

Kumbu no Kafokolo
© 2018 Humberto Solano Costa. Todos os direitos reservados.

A reprodução deste livro ou porções do mesmo em qualquer forma, não deve ser arquivada num sistema de armazenamento de informação ou transmitida por qualquer meio (electrónico, mecânico, de gravação ou de outra forma) sem autorização prévia da editora ou do autor.

Publicado por:
Christian Editing Publishing House
Miami, Florida
ChristianEditing.com

Correção e revisão: Zinha Carmo
Capa e diagramação: Jannio Monge

ISBN 978-1-938310-88-1

Categorias: Negócios e liderança

PRIMEIRAS PALAVRAS

K*umbu* é uma palavra usada no vernáculo angolano para referir-se a *dinheiro*; enquanto que *Kafokolo* tem origem na língua nacional Kimbundu, um dos dialectos também falados na República de Angola, com maior incidência nas províncias de Luanda, Bengo, Malanje e Cuanza Norte, para referir-se a um *bolso restrito*, mas de grande importância, pois nele eram escondidas valiosas e preciosas reservas monetárias, para fazer-se face as surpresas do dia a dia. Daí a escolha para o título do assunto que aqui pretendemos abordar.

A falta de cultura financeira tem levado muitos a cometer gravíssimos erros, apesar das boas intenções. Médicos, advogados, engenheiros, cientistas, geofísicos, inventores, escritores, sábios, magos, políticos, directores, líderes, governantes, pastores, reverendos, bispos, chefes de família, cidadãos comuns, e até mesmo bancários, estão fadados a erros bárbaros e fatais no que tange à gestão financeira. Quer por falta de cultura ou por falta de conhecimento, o desfecho é fulminante e impiedoso. Dependendo da família em que nascemos ou do ambiente em que crescemos, podemos nunca ter sido introduzidos a situações ou instruções de carácter financeiro, como por exemplo, como administrar ou poupar aquilo que ganhamos ou recebemos. Apesar de ser extremamente importante, é igualmente possível nunca termos sido ensinados a poupar dinheiro, projectar um orçamento, ou então gastar menos e investir mais.

Observamos no passado a queda de grandes impérios outrora pomposos e gloriosos, como o Persa, Grego e o Romano, os quais eram antes de suas respectivas quedas, tidos como grandes potências mundiais. Observamos de igual modo, nestes últimos tempos e com muita incidência, a falência de muitos outros impérios, países, governos, empresas, famílias, lares, enfim, sistemas empresariais e estatais, por falta da observância de inúmeros princípios assim como a tomada de medidas administrativas e financeiras adequadas.

Sem qualquer pretensão de tudo saber, com respeito a esse assunto, sinto-me na obrigação de partilhar experiências e metodologias através da plataforma *ABC*, que ainda hoje, quando colocadas em prática, previnem empobrecimento, criam estabilidade, e garantem prosperidade financeira. Tudo o que irá ler, poderá mudar sua visão e perspectiva administrativa-financeira para sempre!

PORQUE ALGUÉM DEVERIA LER ESTE LIVRO?
1. **Conhecimento** (Curso de Mordomia Financeira) Crown Financial Ministries, Florida-EUA 2004
2. **Prática** (2º. e depois 1º. Tesoureiro da Confradeb-EUA por mais de 10 anos)

3. **Experiência** (principal negociador em matérias de vendas e aquisições de carros e propriedades nos EUA, 13 anos)
4. **Resultados** (agente de vendas na *Toyota of Deerfield Beach*, corretor de automóveis na Florida, negociador de contratos de seguro com a *United Health Care, AETNA PPO International*, em favor da Missão Permanente de República de Angola junto das Nações Unidas e da Missão Permanente do Reino do Lesotho junto das Nações Unidas em Nova Iorque).

QUEM DEVE LER ESTE LIVRO?

1. Todos aqueles que pretendam ter sucesso e prosperidade na vida, factores fundamentalmente influenciados pela administração e mordomia financeira.
2. Administradores e financeiros que queiram obter um conhecimento mais amplo das metodologias de gestão e negociação, sobretudo na esfera internacional.
3. Jovens, assim como chefes de família, que queiram ter sucesso e prosperidade financeira.
4. Governantes, entidades governamentais e privadas, que queiram gerir melhor, prevenir gastos desnecessários de seus valiosíssimos recursos.
5. Governos de países que queiram ter vantagens nas negociações envolvendo aquisições, arrendamento ou celebração de qualquer contrato relativo a propriedades fora de seus países.

6. Todo aquele que pretende poupar dinheiro, eliminar e prevenir o acúmulo de dívidas, e assim investir para alcançar um futuro melhor.
7. Todo aquele para quem o salário nunca é suficiente, nunca sobra nada e é mais curto do que as despesas.
8. Todos aqueles que nunca conseguem poupar, estão sempre endividados, e nunca puderam investir.
9. Todos aqueles que querem saber como multiplicar o que ganham.
10. Finalmente, todos aqueles que querem aprender como gastar apenas o que devem ao invés do que podem, e ter a seu favor a habilidade de melhorar sua qualidade de vida, independentemente das circunstâncias exteriores.

> *"Pois qual de vós, querendo edificar uma torre, não se assenta primeiro a fazer as contas dos gastos, para ver se tem com que a acabar? Para que não aconteça que, depois de haver posto os alicerces e não a podendo acabar, todos os que virem comecem a escarnecer dele, dizendo: Este homem começou a edificar e não pôde acabar."*
>
> Lucas 14:28-30

SUMÁRIO

Agradecimentos _____ 11

Prefácio _____ 13

Trajectória _____ 15

Sugestões enviadas ao SG da ONU _____ 27

Acções Básicas e Concretas – A plataforma ideal _____ 33

Chave tripla – gastar, poupar e ser inteligente _____ 35

EPI – economizar, prevenir e investir _____ 47

Administração tradicional vs. funcional _____ 61

Dinheiro comum vs. Dinheiro privado _____ 75

Palavras finais _____ 89

AGRADECIMENTOS

A o meu Deus, meu Pai, Senhor da Minha vida e razão da minha existência.

A minha esposa linda e querida, minha *rainha* Elizabeth Santos Costa, flor do meu jardim, e as minhas lindas filhas Leyde, Leedenya, Kathleen, Kayla e Kelly.

Aos meus pais David Solano Costa Júnior (in memorian) e Rosa Celeste Manuel Bernardo, mulher valorosa, corajosa e batalhadora.

Aos meus irmãos Sara, Braulio, Daniel, Rui, Zita, Deolinda e São, aos meus sobrinhos, tios, cunhados e dilectos amigos. A Dona Zinha Carmo, minha Mãe do coração, por carinhosamente revisar e fazer a apresentação desta obra. Ao meu caro colega Miguel Sampaio, que encorajou-me a abordar alguns princípios aqui contidos.

A você que se presta a embarcar numa jornada que vai certamente mudar sua visão e perspectiva Administrativa-Financeira, para o resto da sua vida.

Muito obrigado!

PREFÁCIO

É um privilégio prefaciar esta obra.
 Permitam-me dirigir uma afectuosa saudação ao Humberto Costa, pessoa que conheço desde os seus primeiros passos profissionais. Conhecemo-nos há uns anos atrás, quando entrou na agência de viagens, para fazer a entrega de um serviço, no caso uma viatura de aluguer.

A sua linguagem corporal transmitia confiança, rigor, profissionalismo, elegância e organização. O seu olhar vivo e brilhante emanava vontade de vencer, muita educação e humildade! Ficou registado em mim que era uma pessoa assim que precisávamos para completar a nossa equipe! Logo que houve uma oportunidade fizemos uma proposta e assim começou uma relação profissional e de amizade, que dura até aos dias de hoje.

Respondeu a todos os desafios que lhe foram dados, e recordo o seu empenho, quando o desafiei a fazer uma Newsletter para a agência, que apesar de não estar preparado respondeu com dedicação e apresentou um projecto muito profissional.

Não poderei deixar de referir a sua mala de trabalho, onde tinha um pequeno escritório em miniatura, reflectindo o seu lado organizativo!

Quando chegou o dia de me dizer, que iria partir para os EUA, foi um grande choque, pois tínhamos desenvolvido um lado afectivo mãe/filho. Apesar da distância geográfica fomos mantendo sempre o contacto e com muito orgulho fui tomando conhecimento do início difícil, do trabalho árduo, e do sucesso escolar/profissional, sem descurar o bem-estar da sua família, esposa, mãe e irmãos.

Sinto muito orgulho por este filho que Deus colocou no meu caminho, apesar de não vir de mim, mas ser um filho do coração.

O livro escrito pelo Humberto Solano Costa cumpre, numa linguagem acessível e com informação muito prática, o objectivo de levar a todos a essência do valor e do respeito pelo seu dinheiro e de outrem.

Desejo que desfrutem da leitura para, numa aliança virtuosa com os seus conselhos e experiência, encontrarem o melhor caminho para a boa utilização do Dinheiro/Haveres.

Felicito o autor pelo êxito que antecipo para este livro e também cada leitor por ter escolhido esta obra como fonte de informação de Economia.

Zinha Carmo
Mãe do Coração
A Dona Zinha Carmo é Gestora de Negócios, com especialidade e vasto conhecimento em matérias de Viagens & Turismo, com formação superior em Administração de Empresas (*Business Administration*).

TRAJECTÓRIA

Cheguei aos Estados Unidos da América em fevereiro de 1999, ainda muito jovem e quase que sem nenhuma experiência de vivência e sobrevivência distante dos meus familiares e muito menos, longe do meu País. Porém, a necessidade e o grande desejo de triunfar influenciaram minhas decisões e ditaram meu destino. Já havia cometido alguns erros financeiros ainda em Luanda, e como não possuía cultura ou educação financeira, procurei de todo ser prudente. Até mesmo por causa da dinâmica social nos países capitalistas, a margem permitida para erros de natureza administrativa-financeira, é quase de tolerância zero, tendo sempre a lei como árbitro e as cortes como executores do juízo.

Estando primariamente numa comunidade de emigrantes, assisti a ostentações, ignorância financeira e mordomia delinquente, de muitos estrangeiros, sobretudo aqueles oriundos de países subdesenvolvidos. Mas eu tinha um sonho e um desejo de triunfar. *Qual é o seu sonho?* Eu tinha na altura uma oportunidade débil de imitar comportamentos, ou a escolha de procurar seguir princípios de mordomia administrativa-financeira, que jamais havia aprendido, e que podiam fazer grande diferença na minha e na vida dos meus. É disso que se trata, princípios que podem não apenas mudar sua vida, mas também a vida dos seus por muitas gerações.

Quantos de vocês pôde dizer que ainda hoje está a desfrutar das riquezas ou prosperidade financeira alcançada pelo o pai, avô, ou qualquer outro antepassado? Quantos podem dizer que alcançaram estabilidade ou prosperidade financeira, por causa de bons princípios ou boas práticas de gestão financeira?

Tinha apenas 24 anos de idade, era solteiro, magrinho, e morava num apartamento de um quarto e um quarto de banho, partilhado com outros cinco homens. A minha noiva Elizabeth estava em Luanda, e a espera que eu criasse nos Estados Unidos da América as condições e uma certa estabilidade, para então nos casarmos. Para além disso, havia ainda a urgência e preocupação em trazer igualmente para os Estados Unidos da América, minha mãe e meus irmãos. Era uma grande responsabilidade para tão pouco tempo e com tão poucos recursos.

Todavia, num curso de administração e mordomia financeira que fiz no Instituto Crown Financial Ministries em Deltona, Florida, aprendi princípios que mudaram para sempre minha visão e perspectiva financeira. É destes princípios que vamos falar.

Tais princípios permitiram que em muito pouco tempo depois comprasse uma casa, pagasse substancialmente meus estudos e trouxesse parte da minha família para estar comigo. Foram princípios que primariamente se incidiam na arte de poupar 10% do salário semanal, do qual falaremos mais lá na frente. Aprendi muito mais, pratiquei com bastante disciplina e passei a ver um resultado constante, apesar de na altura auferir um salário relativamente baixo.

Um ano depois comprei um terreno de 20 hectares, e no ano seguinte um outro de 600 metros quadrados. Por causa dos mesmos princípios, dois anos depois comprei um outro terreno, mas desta vez, num outro país. Você pode fazer o mesmo e muito mais.

Depois de ter trabalhado como Secretário Adjunto da Confradeb-EUA, passei também pelos cargos de 2º. e 1º. Tesoureiro, onde acumulei uma experiência de cerca de 10 anos combinados. Nesse período, era também o principal negociador e testa-de-ferro tanto da Confradeb-EUA, como da *Assembly Of God Bethlehem Ministry*, para tudo o que se referia a aquisições, alugueres, ou qualquer celebração de contratos.

Assim, para além de inúmeros veículos automóveis, mobiliário, salões para convenções em diversas províncias dos Estados Unidos da América, participamos também na aquisição de um Edifício Escolar na cidade de Omaha, província do Nebraska, um Complexo Médico na cidade de Fort Myers, província da Florida, um Templo também em Fort Myers-FL, e um outro Templo em Medford, província de Massachusetts. Mas tivemos também algumas outras experiências.

Por causa da minha constante interacção com as concessionárias na província da Florida, fui convidado pelo Director Geral de Vendas da *Toyota of Deerfield*, para integrar e reforçar sua equipa de vendas. Nessa altura, já actuava também como corretor de automóveis, e havia constituído legalmente a Agência de Negociação Internacional, cuja missão e objectivo era sempre poupar o máximo possível aos clientes que representava. Meus clientes estavam sempre radiantes, pois para alguns conseguia poupar cerca de dois ou até mesmo $3,000.00 na compra de cada carro.

Um dos meus memoráveis momentos, foi durante a negociação no processo de compra de um carro para um cliente e amigo, onde consegui reduzir o custo em $5,300.00 para o cliente. Na altura, foi tão emocional para ambos o cliente e eu, que ele decidiu fazer um agradecimento e recomendação por escrito, o qual (com a autorização do mesmo) deixo abaixo:

Caro Humberto Costa, Negociante Internacional Sénior! Quero expressar os meus sinceros agradecimentos pelos seus valiosos préstimos, evidenciado por seu excelente profissionalismo, demonstrado na negociação realizada em meu favor, para aquisição do meu novo veículo, com um desconto de $5.300,00, permitindo-me realizar a transação. Além de minha autorização para publicação da comemorada foto, a partir de agora estarei também fazendo menção de seu nome junto à minha rede de amigos.

Muito Obrigado
Dr. Alcir Florentino dos Santos, Coconut Creek – Florida, 2 de outubro de 2014

Essa Agência passou a ser a principal catalisadora, também na negociação para o intercâmbio de estudantes entre o Brasil, Angola, e os Estados Unidos, para além de patrocinar a estadia de muitos deles, nas terras do Tio Sam. Veja outros testemunhos pertinentes:

"Agradeço ao Sr. Humberto por toda dedicação na negociação do intercâmbio de minha filha, pois após a indicação de um amigo aqui no Brasil entrei em contacto com o Sr. Humberto através de um e-mail e fui prontamente atendido e orientado em como proceder para o envio de minha filha, para estudar o idioma inglês nos EUA por três meses. Enfim deixo aqui os meus agradecimentos pelo ótimo trabalho prestado por essa agência." António Carlos, SP – Brasil, 23 de abril de 2015

"Deseja ter um carro novo? fazer um bom negocio com confiança, indico um amigo que vai ajudar você a realizar seu sonho. O meu já não é um projeto, virou uma linda realização." Margareth Silva, Boca Raton – Florida, 11 de abril de 2014

Disse o Dr. Roderick Caesar, numa de suas prelecções que tive a oportunidade de assistir em Nova Iorque, que *"um negócio nunca é bom negócio se não reflectir positivamente em seu orçamento."* Estou plenamente de acordo, e subscrevo-me cabalmente a essa teoria, tendo, portanto, em todo o tempo a filosofia de buscar sempre o melhor desconto possível e disponível, em todas as negociações que participo.

19

Transparência, Tranquilidade & Trust, vêm por muitos anos sendo a marca registada e cartão postal da nossa actuação no mercado de negócios. Como tal, nosso principal objectivo é fazer do prezado leitor um vencedor por antecipação em matéria de negócios, e consequentemente sempre com um orçamento favorável. Em novembro de 2014, comecei uma nova jornada.

Por causa da minha formação superior em Relações Internacionais e Ciências Políticas, era quase inadiável vir parar na arena diplomática. Assim, em novembro de 2014 assumi o cargo de Administrador (Adido Administrativo) na Missão Permanente da República de Angola Junto das Nações Unidas, em Nova Iorque, onde tive a grande oportunidade de lidar e ou me relacionar com autênticos gigantes no mercado de seguro de saúde, para além de encontrar velhos adversários com respeito ao aluguer de propriedades e compra de viaturas para os diplomatas.

Para minha grande surpresa, não havia índices de misericórdia, em nenhum dos contratos celebrados antes da minha gestão. Todas as vantagens eram para as companhias americanas. Até a sombra era cara, e o sol raríssimo. Porém, eu tencionava, com urgência, mudar o curso da história, e fazer reflectir vantagens em favor do nosso orçamento. Tudo o que eu precisava era de um voto de confiança e oportunidade para fazer a diferença.

Na realização da primeira Assembleia Geral das Nações Unidas em que participei, o evento principal anual das Nações Unidas, em que todos os países representados enviam uma miríade de delegados, nos foi possível negociar e celebrar contratos que custaram a nossa Missão Permanente e ao nosso Governo em geral, cerca de $70,000.00 à menos em relação ao ano que antecedeu a minha chegada.

A prática continuou, e assumindo também a negociação do seguro de saúde e do aluguer e relocação dos diplomatas, nos foi possível poupar mais de $80,000 em 6 meses, no último semestre de 2016. Para o ano de 2017, renegociamos e transferimos o contrato do seguro médico da United Healthcare para a AETNA Internacional com a qual iriamos pagar $16,000.00 a menos por més, com benefícios ligeiramente superiores, e combinando as negociações com os alugueres e relocações de residências, projectamos para 2017, uma poupança de cerca de $263,468.15 num período de 12 meses.

Nessa mesma senda, fui interpelado pelo Senhor Embaixador e Representante Permanente do Reino do Lesotho, Kalebone A. Maope, o qual tomando conhecimento de tais proezas, durante a realização do Encontro dos Administradores das Missões Diplomáticas acreditadas pelas Nações Unidas, pediu que ajudasse a sua Missão e País, também na redução com os custos pertinentes ao seguro médico. Nos dias que se seguiram, durante os intervalos para o almoço e finais de semana, a partir do meu escritório de casa, passei a traçar estratégias e princípios de negociação, dentro do modelo – ABC, que permitiram a Missão Permanente do Reino do Lesotho, renegociar e celebrar um contrato com a mesma companhia, porém agora $7,183.96 a menos por mês, portanto uma poupança de $86,207.52 por ano em relação ao contrato anterior.

Com emoção e gratidão, o Senhor Embaixador e Representante Permanente da Missão do reino do Lesotho, Kalebone A. Maope, escreveu uma nota de agradecimento a nossa Missão e ao País, endereçada ao Representante Permanente da República de Angola Junto das Nações Unidas, em Nova Iorque, Senhor Embaixador Ismael Martins, a qual tive acesso e apresento à seguir, o qual foi seguido também de uma nota de apreço por parte do Senhor Embaixador Adão Pinto, Cônsul Geral de Angola, em Nova Iorque.

THE PERMANENT MISSION OF THE KINGDOM OF LESOTHO
TO THE UNITED NATIONS

REF: His Excellency Ismael A. Gaspar Martins
Permanent Mission of the Republic of
Angola to the UN
820 2nd Ave 12th Floor,
New York, NY 10017

April 12, 2017

Excellency, *Warm Greetings, my Brother*

I am writing to extend my gratitude to the Mission and Government of the Republic of Angola for affording us the opportunity to utilize the expertise of Mr. Humberto Costa in negotiating on our behalf with our insurance company.

Mr. Costa met our Third Secretary, Mr. Lepelesana at a meeting held for African Missions Administrators. The issue of Health Insurance and its diverse nature was raised, and Mr. Costa appeared very knowledgeable with regard to the issues. Upon return, Mr. Lepelesana, knowing of the struggle our Mission has had with health insurance, recommended to me that we approach Mr. Costa for advice. He was very willing from the very beginning to come to our assistance.

Mr. Costa diligently acted as our financial adviser and main negotiator for the purposes of obtaining a favourable health insurance deal. He sacrificed his lunch breaks and weekends to meet with our Mission to discuss the best option for a Mission of our size. This work, done out of the goodness of his heart and in a spirit of African brotherhood, helped our Mission eliminate brokerage fees and effectively led to saving $7,183.96 per month and $86,207.52 per year. Our Mission is forever indebted to him and the Mission and Government of the Republic of Angola. I wish to commend Mr. Costa on a job very well done, and hope that he will in the future do the same for our other African brothers and sisters and thus become an example of the greatness we can achieve when we work together.

Excellency, please accept the assurances of my highest consideration.

Yours sincerely,

Kelebone A. Maope
Ambassador and Permanent Representative
Mobile: (917) 864-4119

815 2nd Avenue - New York, NY 10017 - Tel: (212) 661-1690 - Fax: (212) 682-4388
Email: lesothonewyork@gmail.com

Tradução não oficial da carta referida acima:

Missão Permanente do Reino do Lesoto Junto das Nações Unidas

Ao Excelentíssimo Sr. Embaixador Ismael A. Gaspar Martins,   *12 de Abril de 2017*
Missão Permanente da República de Angola
Junto das Nações Unidas.

Excelência, Calorosas Saudações, meu Irmão.

Escrevo-lhe para externar minha gratidão a Missão e ao Governo da República de Angola por nos permitir utilizar a habilidade do Sr. Humberto Costa para negociar em nosso favor com a nossa companhia de seguro.

O Sr. Humberto encontrou-se com o nosso Terceiro Secretário, Mr. Lepelesana no encontro dos Administradores das Missões Africanas. A questão do seguro de saúde e a sua natureza diversa foi levantada, e o Sr. Costa pareceu bastante versado nessa matéria. Após o regresso do Mr. Lepelestana, sabendo das dificuldades que essa Missão tem tido com o seguro de saúde, ele recomendou-me que contactasse o Sr. Costa e pedisse orientação. O Sr. Costa mostrousse bastante disponível desde o princípio para prover a assistência necessária.

O Sr. Costa, de forma diligente passou a agir como nosso conselheiro financeiro e principal negociador com a finalidade de obter um seguro de saúde favorável. Ele sacrificou os seu intervalos e fins de semana para encontrar-se conosco e discutir a melhor opção para uma Missão da nossa dimensão. Esse trabalho, feito totalmente por bondade de seu coração e com um espírito de ajudar aos irmãos africanos, ajudou e permitiu a nossa Missão eliminar as comissões de intermediação e efectivamente levou-nos a poupar $7,183.96 por mês e $86,207.52 por ano. A Nossa Missão sente-se para sempre individada para com ele e para com a Missão e Governo da República de Angola. Eu desejo felicitar o Sr. Costa pelo trabalho bem feito, e esperar que da mesma forma, ele possa no futuro prover a mesma assistência aos outros irmãos e irmãs africanas, e assim se tornar no exemplo de grandeza que nós podemos alcançar juntos.

Excelência, aceite por gentileza a certeza da nossa mais elevada consideração.

Sinceramente,

Kelebone A. Maope, Embaixador e Representante Permanente

Consulate General of the Republic of Angola
336 East 45th Street - 2nd. Floor, New York NY 10017
Tel: (212) 223-3588/90/91
Fax: (212) 980-9606

April 2017

Dear Humberto Costa,

My heartfelt gratitude and congratulations to you, on behalf of the Consulate General of Angola, as well as our nation of Angola, for your recent service, out of the goodness of your heart, rendered to the Permanent Mission of the Kingdom of Lesotho to the United Nations, resulting in saving them lots of money per year ($86,207.52.) This came to my knowledge through Esmeralda Chikoti the Administrative Attaché at our Consulate.

As an Angolan I am pleased to learn of your service rendered to others. And in doing so, you have elevated Angolans.

Wishing you all the best in all your endeavors.

Sincerely,

Adão Pinto
Consul General

Tradução não oficial da carta referida acima:

Consulado Geral da República de Angola
336 East 45th Street – 2nd. Floor, New York NY 10017

Abril de 2017

Prezado Humberto Costa

Minha profunda gratidão e felicitações a si, em nome do Consulado Geral de Angola, assim como em nome da Nação angolana, por seu recente trabalho, feito por pura bondade de seu coração, rendido a Missão Permanente do Reino do Lesoto Junto das Nações Unidas, resultando numa avultada poupança por ano ($86,207.52.) Esta informação chegou ao meu conhecimento por intermédio da Sra. Esmeralda Chikoti, a Adida Administrativa em nosso Consulado.

Na qualidade de angolano, tive prazer em saber do serviço rendido a outrem. E tendo assim feito, tem elevado os angolanos.

Desejo-lhe o melhor em todas as suas actividades.

Sinceramente,

Adão Pinto Consul Geral – Carimbo do Consulado da República de Angola em Nova Iorque

Você deve com todo o direito, perguntar: Mas Humberto, como é possível alcançar tamanho sucesso em negociações que muitos fracassam ou se resignam? Fico feliz por ouvir tão antecipada pergunta, e com muita satisfação apresentar nas próximas linhas, um modelo infalível e tácito.

O que vamos nesse livro apresentar, foi criado ao longo dos anos que Deus nos permitiu experimentar aqui nos Estados Unidos da América. Trata-se da plataforma ou projecto ABC – Acções Básicas e Concretas, que funciona a qualquer nível, situação ou circunstância. Nossa intenção e proposta é constatar o problema, enunciar as possíveis razões dos resultados pobres ou fracassados, e então apresentar a solução para o sucesso e prosperidade financeira. O modelo que vamos apresentar resolve problemas financeiros e traz prosperidade a qualquer pessoa singular, entidade, empresa, Ministério, Governo ou País que acreditar, aprender e aplicar. Bem-vindos a série *ABC (Acções Básicas e Concretas)*.

Humberto Bernardo Solano Costa
O Autor

SUGESTÕES ENVIADAS AO SG DA ONU

O Engenheiro António Manuel de Oliveira Guterres é o actual e 9º. Secretário Geral das Nações Unidas, e no dia da apresentação dos cumprimentos por parte dos diplomatas, tomei a liberdade de pessoalmente entregar-lhe uma carta com a minha contribuição em termos de sugestões, para melhorar a execução de tarefas prementes, visando acelerar a resolução dos inúmeros e recorrentes problemas da humanidade, salientando-se a pobreza, fome, e conflitos políticos. Você se deve possivelmente perguntar com que autoridade fiz isso, uma vez que a minha categoria diplomática me devia relegar a uma proximidade mais restrita.

Bem, de quando em vez faço destas coisas, sobretudo porque creio ter uma perspectiva prática, objectiva e funcional, para a resolução da maior parte dos problemas, com os

Atrevimento, talvez, mas, é muito mais confiança na capacidade que Deus me deu, e na experiência acumulada ao longo dos 18 anos.

quais pessoas, famílias, empresas, governantes, países, e até mesmo a Organização das Nações Unidas se vem debatendo por muitos anos. *Atrevido! Quem ele pensa que é?* Essa vai ser possivelmente a reacção primária de muitos leitores e possivelmente tenha sido a do Engenheiro Guterres. Atrevimento, talvez, mas, é muito mais confiança na capacidade que Deus me deu, e na experiência acumulada ao longo dos 18 anos de estudo, aprendizado, e vivência, aqui nos Estados Unidos da América, e sobretudo também, na plataforma que temos criado, experimentado, e visto os resultados. Com relação a quem eu penso que sou, é importante referir que no passado, tive também o privilégio de escrever algumas outras sugestões para os Presidentes George Bush, Barack Obama, a Secretária de Estado Americana Hillary Clinton, a Secretária do Departamento de Segurança Americana Janet Napolitano, etc., os quais tiveram na altura, a seu tempo, a amabilidade de responder e agradecer. Veja uma a seguir:

THE WHITE HOUSE

WASHINGTON

July 30, 2007

Mr. Humberto Solano-Costa
Number 5
3281 East Golf Boulevard
Pompano Beach, Florida 33064-3773

Dear Humberto:

Thank you for your correspondence and your kind words. I appreciate learning your views and suggestions.

It is an incredible honor to be the President of such a great Nation, where freedom is the right of every citizen. During this important moment in America's history, we will lead liberty's advance, shape our economic future, and strive to be a more compassionate society. We are building the foundation for a stronger Nation and a more peaceful world.

Laura and I send our best wishes. May God bless you, and may God bless America.

Sincerely,

George W. Bush

Kumbu no Kafokolo

Tradução não oficial da carta referida acima:

CASA BRANCA
Washington

30 de Julho de 2007

Sr. Humberto Solano-Costa
3281 East Golf Boulevard
Pompano Beach, Florida 33064-3773

Prezado Humberto:

Obrigado pela tua correspondência e pelas palavras carinhosas. Tenho muito apreço em ouvir sua visão e sugestões.

É um incrível privilégio ser Presidente de tão grande Nação, onde a liberdade é um direito de todo o cidadão. Durante este importante momento na história americana, nós vamos liderar o avanço das liberdades, melhorar a condição do nosso futuro económico, e nos esforçar para formarmos uma sociedade mais compassiva. Nós estamos a construir a fundação para uma Nação mais forte, e um mundo mais pacífico.

Laura e eu eniviamos-te nossos melhores cumprimentos. Que Deus te abençoe, e que Deus abençoe América.

Sinceramente,

George W. Bush

Assinatura do Presidente George W. Bush

O que me impulsionou a escrever para todos esses líderes foi o meu estado de inquietação, ao racionalizar, ainda que de camarim, vias, métodos e uma perspectiva eficaz para a resolução de muitos problemas e dificuldades por eles enfrentados. No caso dos líderes americanos, apoiei-me bastante nos aspectos da minha formação em Relações Internacionais e Ciências Políticas, com certificações em Estudos Latino Americanos e Caribenhos, Europeus, e em Segurança Nacional, todos alcançados com destaque, mérito e distinções presidenciais acadêmicas. Com relação ao Senhor Engenheiro Guterres, foi tudo isso,

> O que queria enunciar era que existe muita teoria, na maior parte das vezes, boa intenção, porém, muitos sofrem e morrem a "beira do rio" por falta de implementação.

e mais tudo o que faz sentido em termos de história e resultados. Eu explico.

Minha primeira passagem pela Organização das Nações Unidas, foi nos anos de 1995 e 1996, aquando da UNAVEM III (Missão de Verificação de Paz) em Luanda, onde na altura tomamos conhecimento da maior parte dos problemas que ainda hoje perduram. Permita-me uma pausa para fazer uma pergunta: *A quanto tempo você passa por problemas financeiros?* O que queria enunciar era que existe muita teoria, na maior parte das vezes, boa intenção, porém, muitos sofrem e morrem a "beira do rio" por falta de implementação. O projecto ABC vem certamente fechar essa fenda que já tem muitos anos.

O que tentei dizer ao Senhor Engenheiro Guterres, Secretário Geral das Nações Unidas, é que 21 anos depois, ainda nos estamos a debater veemente contra os mesmos problemas, quer a nível das Nações Unidas, quer a nível dos governos e Nações pelo mundo afora: *falta de implementação das boas ideias e intenções.* Com tantos cientistas, pessoas altamente capacitadas, médicos brilhantes, economistas qualificados ao mais alto nível, grandes organizações internacionais de renome, como é possível enfrentarmos ainda tantas dificuldades e até cedermos a impossibilidades, quando se trata de melhorar a qualidade de vida de nossos concidadãos? Não será que falta implementação? Pense nisso.

ACÇÕES BÁSICAS E CONCRETAS – A PLATAFORMA IDEAL

O Projecto ABC – Acções Básicas e Concretas foi concebido em 2015, aquando da minha ida a Luanda, capital da República de Angola, depois de 16 anos vividos nos Estados Unidos da América. Na realidade, estava a assistir a uma sessão do Parlamento angolano, na qualidade de assistente do plenário, e então ocorreu-me a ideia como uma plataforma para a resolução dos problemas que vêm assolando a humanidade.

Na realidade, esta é a plataforma mais viável que encontrei para nela convergir todos os meus conhecimentos e experiência profissional, transformando-a numa espécie de "cabine de implementação" daquilo que você e muitos outros já pensam ser a solução. Lembre-se que uma boa ideia vai

Temos como objectivo estimular e auxiliar pessoas singulares, casais, empresas ou ministérios, governos e países, a manterem muito mais Kumbu no seu Kafokolo.

ser sempre apenas uma ideia, apesar de muito brilhante, e de boas intenções também morrem os anões.

ABC - são *Acções Básicas e Concretas*, uma plataforma que converge e dilui todas essas boas ideias e intenções, através de um processo de três fases: *estudo, viabilidade e implementação*. Essa é a *formula mãe* para a resolução de qualquer problema. Sei que existem muitos e das mais variadas formas e espécies, e pese embora não presumir conhecer ou ser, ter ou saber a solução para todos eles, a ferramenta que tenho em mãos é um modelo básico, funcional e eficaz para resolver qualquer um deles. Nesta edição vamos apenas abordar questões de gestão financeira ou meramente administrativo-financeiras, para não divagarmos. Pretendo dizer onde está o problema, como gerir a circunstância, e final e principalmente como tirar dividendos permanentes usando a plataforma ABC.

Criamos e aprendemos ao longo dos anos, vários *acrónimos e formulas memoráveis*, para reter ao máximo o conteúdo ABC, e assim melhorar a qualidade de tudo aquilo que fazemos com o dinheiro que temos. Imagina, se você pudesse multiplicar seu dinheiro. Vejamos a seguir, o que vai preparar você para um futuro melhor, em que poderá muito mais, com tudo o que sempre teve. Temos como objectivo estimular e auxiliar pessoas singulares, casais, empresas ou ministérios, governos e países, a manterem muito mais *Kumbu no seu Kafokolo*.

"Negociar em desvantagem é como você ter desconto na compra de um artigo que te foi roubado". HSC

CHAVE TRIPLA
GASTAR, POUPAR, E
SER INTELIGENTE

Criei esta sigla ou acrónimo, logo após ao primeiro curso de finanças que fiz no Instituto Crown Financial Ministries em Deltona, Florida, e por essa razão o pensamento inicial foi em inglês (Triple S – spend, save, and be smart). Mas simplesmente posto, significa *gastar* menos, *poupar intencionalmente*, e ser *inteligente* com o seu dinheiro. Devo ter já falado disso em alguma outra parte, mas é importante referir que o factor cultural influi bastante e até de forma metódica, em como manuseamos o dinheiro que vem as nossas mãos, independentemente da via ou razão.

Na altura do curso, creio que meus professores eram maioritariamente judeus, e por essa razão havia um grande rigor e acentuação a questão da economia e investimento dos 10%, ou o dízimo como é biblicamente conhecido. Mas vamos então a ideia principal num modelo mais aplicativo, para que você possa ver, aprender e aplicar de forma clara a sua situação em particular. Independentemente do quanto você aufere hoje, você deve começar a partir de agora a implementar o que vamos deixar aqui registrado.

Gastar menos – *Como vou gastar menos, se o que ganho já é pouco?* Boa pergunta.
Resposta ABC – 1ª. *Fase – estudo e análise.* Você deve estudar sua presente situação e viver dentro da sua realidade. Nos Estados Unidos da América, por exemplo, existe uma febre que influencia os jovens e alguns outros desapercebidos, a trocarem de aparelho celular sempre que as companhias Apple ou Samsung lançam um modelo novo.

Aqui o princípio é nunca pague o que pode, mas sim o que deve.

Uma vez em conversa com um jovem que não tinha muitas possibilidades económicas, chamou-me a atenção o facto de ele portar um celular do último modelo, por sinal mais avançado do que o meu, contando que ele tinha um emprego e posição que o conferiam um salário pelo menos quatro vezes inferior ao meu. Para a minha grande surpresa, estando ele ainda dentro de um contrato de 2 anos com a companhia fornecedora dos serviços telefónicos, já estava ele a pensar em adquirir o novo modelo no próximo feriado. Vi-me nele, muitos anos atrás, e com bastante paciência e tacto tentei dissuadi-lo. Não foi fácil.

Não sei qual é o seu salário, mas as acções básicas e concretas que deve tomar nessa primeira fase, são no sentido de aprender a viver dentro da sua realidade. Quando realizava palestras para jovens e famílias, usando meu "background" também em Teologia e Psicologia, chamava sempre a atenção dos presentes para o facto de muitos quererem comprar o que não podem, com o dinheiro que não têm, para pagar quando Jesus voltar. Viva dentro da sua realidade, gaste menos.

Aqui o princípio é *nunca pague o que pode, mas sim o que deve*. Examine o que realmente você necessita para sobreviver, e o que de facto faz falta no seu quotidiano. O pior inimigo dessa fase é o olho, e dependendo da sua cultura ou meio ambiente, os impulsos são severos. Porém, permita-me dizer que do olho cuida a pestana, deixa que sua consciência renovada guie seu bolso, para não ter que depois consolar seu coração e colher o mau resultado de suas pobres escolhas. Vejamos a segunda fase.

ABC – 2ª. Fase – ***Viabilidade***. Em termos de viabilidade, a verdade é cristalina: quanto menos gastar, mais vai sobrar, independentemente de quanto tinha antes. *Afinal, o que é viável ou funcional na minha circunstância?* Tenho uma prática que já remonta desde os tempos do mercado Banga Sumo no bairro do Prenda, em Luanda – Angola, quando entre os 9 e 12 anos, indo às compras com a minha mãe, discutia sempre os preços vocalmente estabelecidos, buscando sempre mais desconto ou esquebra. Afinal, não sabia eu que esse é um princípio bem-parecido com a prática utilizada por grandes líderes, na arena internacional de comércio e negócios, e sobretudo, por pessoas muito bem-sucedidas financeiramente.

Mas o vergonhoso e utópico é viver de aparências quando a realidade nos condena e a alma sangra.

Sei que existe uma certa vaidade em pagar sempre o preço cheio, e infelizmente, vergonha em contrariar ou pechinchar. Mas o vergonhoso e utópico é viver de aparências quando a realidade nos condena e a alma sangra. Costumo, para terminar essa fase, fazer a seguinte pergunta: que tipo e nível de vida, minha circunstância pode sustentar e meu dinheiro pode manter?

ABC – 3ª. Fase – *Implementação.* Posteriormente, deve passar para a implementação desse novo juízo de valor. O que deve você comprar com o dinheiro que tanto sacrifício custou conseguir? Não sei quanto a você, mas eu tenho muitas dificuldades quando vou as compras, pois sempre quero valorizar mais o meu dinheiro. Isso mesmo! O princípio aqui é *valorize o seu dinheiro.* Vou explicar.

> É tempo de parar de viver de aparências e preparar um futuro melhor para você e sua família.

Todas as vezes que tenho de fazer alguma compra pessoal, institucional ou para algum cliente, meu primeiríssimo objectivo é valorizar o dinheiro a ser gasto.

Pense bem no quanto custou a você ganhar esse dinheiro, o quanto custou a você juntar esse dinheiro. Assim como o que pretendo comprar tem um valor previamente estabelecido, meu dinheiro tem um valor moral e significativamente concebido. *Meu dinheiro tem valor.*

Nessa senda, procuro sempre sondar o que posso comprar com o valor ora estabelecido. Normalmente, as pessoas que algumas vezes me acompanham ou me assistem negociar, têm duas atitudes: uns sentem vergonha e me persuadem a aceitar o preço estabelecido, e outros me criticam. Até mesmo já ouvi críticas como: "o dinheiro é do Estado", para as quais eu respondo dizendo que o Estado também sou eu e minha família.

É tempo de parar de viver de aparências e preparar um futuro melhor para você e sua família. *Aquele que vive de aparências nunca experimenta a justa realidade*. Na verdade, as ilusões enredam-lhe a sorte, e a vaidade ofusca-lhe a oportunidade. A *implementação* é sumamente importante, dado ser o "pivot" da equação favorável, e por isso é necessário falarmos um pouco mais. Disse Suze Orman, uma das melhores conselheiras financeiras do mundo: *"Pare de gastar dinheiro que você não tem, para impressionar pessoas que você nem sequer gosta ou conhece."*

Na altura em que começaram a aparecer os primeiros aparelhos de telefone celular em Luanda, um sujeito que já naquela altura, por volta dos anos 90 conduzia um carro "cabriolet" (conversível), estacionava quase sempre em frente ao Edifício da TAAG, na Rua da Missão e posicionava-se encostado ao carro, com um celular em cada mão. Não sei se por causa da mentalidade ou novidade, muitos ficavam a observar por vários minutos, enquanto o sujeito fingia estar a receber várias chamadas. Algum tempo depois, soubemos de fontes próximas, que o sujeito apesar de ter um carro bonito e dois celulares, vivia de aluguer, num apartamento sem móveis, dormindo num colchão que estava sobre o chão. O que aconteceu?

A paixão e a ilusão tomaram-lhe de assalto a razão pela qualidade de vida. Não permita que o mesmo aconteça com você, valorize a qualidade de vida, valorize seu dinheiro. Dizia Rui Barbosa *"maior que a tristeza de não haver vencido é a vergonha de não ter lutado"*. Passemos para o segundo.

Poupar intencionalmente – *Como vou poupar se o que ganho nem sequer é suficiente?* Boa pergunta?
Resposta: ABC – 1ª. Fase – *estudo e análise*. Durante o curso de finanças, na disciplina de mordomia financeira, o professor fez uma pergunta a classe, que, não obstante parecesse simples, tivemos todos dificuldades em acertar. "Quando você recebe seu salário, a quem ou o que é que você deve pagar primeiro?" Faça você mesmo agora uma pausa, e responda com sinceridade.

Bem, como o professor era judeu e eu cristão, pensei que certamente ele estivesse a referir-se ao dízimo, ou 10% de tudo o que recebemos que deve ser devolvido a Deus. Então de boca cheia e peito firme, respondi: a Deus. O professor disse que embora eu estivesse correcto, não era a resposta que ele esperava, ou que caso eu quisesse considerar, então, depois do dízimo, é o que ele se referia. Depois de alguns minutos em silêncio total, o professor respondeu dizendo: a você! Você é a peça mais importante nessa equação e, portanto, a que deve ser paga primeiro. *Como assim?* Vou explicar.

Quem é que trabalhou para o dinheiro que você recebeu? Quem é que se sacrificou pelo salário auferido? Você, correcto? Então você (preferencialmente depois do dízimo ou doação a instituições de caridade), deve ser o primeiro a ser pago. Esse foi um dos conceitos que mais passou a render na minha vida. Você deve, portanto,

> **O princípio aqui é começar por poupar intencionalmente 10% de tudo o que ganha.**

estudar sua própria situação e ver com quanto você se pode pagar. Eu sei que parece coisa do outro mundo, mas sei que vai entender. O princípio aqui é começar por *poupar intencionalmente 10% de tudo o que ganha.*

ABC – 2ª. Fase – *Viabilidade*. Nesta fase, você vai fazer contas, e começando com 10%, ver com quanto é que você se pode pagar, e intencionalmente fazer um cheque em seu nome, e depositá-lo em uma conta separada, onde em devido acordo com o Banco, você não pode retirar ou transferir por um determinado número de anos. Eu fiz isso quando ainda ganhava relativamente pouco, e desejei na altura ter aprendido esse segredo muito mais cedo. O ideal (como fiz na altura), é depositar o cheque ou valor numa conta que renda juros anuais.

O princípio aqui é *disciplina e constância*.

Os maiores inimigos desta fase são, portanto, *a tentação e a inconsistência*, sobretudo se (como eu na altura), ganhar relativamente pouco. Porém, o segredo e a vantagem é que 10% de muito continua matematicamente a ser igual a 10% de pouco. Verguei, na altura, minha mentalidade, e pedi ao meu Banco que transferisse directamente o dinheiro da minha conta corrente para a conta de poupança, sempre que o meu salário fosse depositado. Havia inclusive uma penalidade para mim, caso eu por alguma razão não depositasse o salário na conta corrente. A ideia é criar mecanismos de coerção para fins que nos trarão benefícios, mesmo sendo estranhos a nossa cultura ou mentalidade.

ABC – 3ª. Fase – *Implementação*. Comecei a poupar $30.00 por semana, e gradualmente fui aumentando até numa primeira fase, chegar a $100.00 por semana. Era um sentimento ímpar, poder fazer um cheque de $100.00 para mim mesmo. Sentia-me mais valorizado, e embora alguns debochassem, achando que eu estivesse a ficar maluco, os frutos os deixaram pasmados. Faça você mesmo a matemática $100.00 por 52 semanas é igual a $5,200.00 por ano. Combinado com os juros, eu tinha garantido um valor que podia agora servir para várias outras opções. Vamos analisar juntos.

Parece que quanto mais se ganha mais se erra.

O que você faria agora mesmo com $5,200.00? Agora multiplica esse valor por 18 anos, que é a idade que seu filho possivelmente terá, quando precisar do seu suporte para garantir a continuidade de seus estudos a nível universitário. Sua conta terá nessa altura $93,000 sem contar com os juros. É muito? Então faça pelo menos por 10 ou 12 anos. Creio que $52,000.00 ou $62,400 fariam muita diferença no seu orçamento e projectos de vida. Faria bastante na minha, e por isso, reitero a necessidade de você implementar essa fase na sua vida.

Saliento para terminar, que é dessa poupança que sairá o dinheiro para outros projectos e investimentos. *Poupar é bom, é racional, salutar e extremamente inteligente.*

<u>**Ser inteligente**</u> com o seu dinheiro – *Mas, dinheiro não é para gastar?* Pergunta prática e costumeira.

Resposta – ABC – 1ª. Fase – *estudo e análise.* Para se ganhar dinheiro requer inteligência e alguma habilidade, sobretudo no mundo extremamente competitivo em que vivemos hoje. Porém, existe uma ampla e sustentada noção de que para se gastar dinheiro, é apenas preciso ter dinheiro. Temos visto pessoas tão inteligentes, cometendo tantas aberrações financeiras, que chegamos a pensar que o conhecimento tira férias, na hora de se gastar dinheiro.

Parece que quanto mais se ganha mais se erra. Por essa razão, é necessário você estudar e analisar formas inteligentes de manusear seu dinheiro, por formas a fazer provisão para o futuro. O princípio aqui *é fazer escolhas ponderadas.* *"Quer envelhecer na sombra, plante sua própria árvore"* HSC.

ABC – 2ª. Fase – *Viabilidade.* Em que moldes ou modos poderia você usar melhor seu dinheiro? Após deixar a UNAVEM III em Luanda, fui trabalhar para a Avis Rent A Car, e posteriormente à Hull Blyth Angola Lda, e como era ainda muito jovem e solteiro, não tinha muitas responsabilidades. Minhas primeiras práticas com os recursos que ganhava, não eram muito diferentes das dos meus contemporâneos. Porém, com alguns conselhos sábios da Dona Zinha, na altura minha directora, e também porque já pesava sobre mim a responsabilidade de economizar para um dia sair para estudar nos Estados Unidos, passei a racionalizar muito mais minhas práticas. Passei então a procurar o que era viável e inclusive rentável para mim.

Foi assim que comecei a emprestar dinheiro aos meus colegas e no fim do mês receber o valor com 10% de juros. Meus colegas eram todos mais velhos do que eu, e, por conseguinte, com muito mais responsabilidades familiares e sociais. O princípio aqui *é oportunidade e racionalização.*

O que poderia você fazer melhor com o dinheiro que ganha? Sabia que é possível haver uma multiplicação?

ABC – 3ª. Fase – *Implementação.* Está cada vez mais difícil ganhar dinheiro. As riquezas do mundo se estão a esgotar, na medida em que a população aumenta e os recursos mínguam. Não há mais tempo para brincar ou ter alguma margem de erro, quando se trata de manusear dinheiro. A não ser que para você seja fácil conseguir dinheiro, creio diante disso fazer muito, se não, todo sentido, gerir melhor seu dinheiro. Esse foi o tema da minha primeira intervenção durante o primeiro encontro dos Administradores das Missões Diplomáticas acreditadas pelas Nações Unidas, em Nova Iorque, organizada pela Missão Permanente da Africa do Sul, onde na ocasião, alertei aos presentes para o uso racional e inteligente dos recursos, tanto humanos como financeiros.

> Quero concluir dizendo que, se haver algum dinheiro em sua posse, ele pode ser multiplicado.

Quero concluir dizendo que, se haver algum dinheiro em sua posse, ele pode ser multiplicado. Depende apenas de uma gestão inteligente, a qual iremos abordar em alguma outra parte desse livro. O princípio aqui é *considerar sempre o aspecto multiplicação e gerir com esse objectivo.*

Uma das formas que minha esposa Elizabeth e eu, encontramos para multiplicar nossos poucos recursos, foi criando um mini negócio de compra e vendas. *A Lee & Kay Ties For All Occasions,* surgiu numa altura em que tínhamos recebido mais uma filha, sem poder arranjar um emprego extra, ou contar com outros recursos. É nos momentos de dificuldade e aperto, que as vezes temos as melhores inspirações. Esse projecto começou na garagem da nossa casa na Florida, e rapidamente se expandiu para as cidades vizinhas, e no segundo ano já tínhamos agentes de venda em algumas outras províncias.

Passamos em pouco tempo a ter um vasto número de clientes, entre funcionários de concessionárias e membros das igrejas no Sul da Flórida, apenas com a venda de gravatas e relógios. Tudo começou com a simples necessidade de se multiplicar o que recebíamos. Pastor Joel Freire Costa, da *Assembly of God Bethlehem Ministry*, dizia algumas vezes que: *"se o que você tem não é suficiente para suprir suas necessidades, então plante, pois é apenas uma semente."* Pense nisso, faça isso. Não coma toda a semente.

"Pare de gastar dinheiro que você não tem, para impressionar pessoas que você nem sequer gosta ou conhece" Suze Orman.

"Maior que a tristeza de não haver vencido é a vergonha de não ter lutado" Rui Barbosa.

"Quer envelhecer na sombra, plante sua própria árvore" HSC.

"The buck stops here" Harry Truman.

EPI – ECONOMIZAR, PREVENIR E INVESTIR

Este modelo foi concebido quando já estava em Nova Iorque, durante o período em que tentava ajudar algumas outras Missões Africanas. Por essa razão aparece novamente a questão do poupar, mas agora, sem a amplitude coerciva como no modelo anterior. EPI – é simplesmente *economizar, prevenir despesas, e investir*. Enquanto o primeiro modelo *Chave Tripla*, gera ou cria os impulsos para a estabilidade, o modelo EPI, embora menos coercivo, tende a criar alicerces sólidos para a prosperidade financeira. É com este modelo que normal e preferivelmente, me relaciono com pequenas Empresas, Missões Diplomáticas, Igrejas, Governos e Países. Vejamos então, a seguir, o que se propõe através da plataforma *ABC*.

Economizar – *Como é possível economizar em tempos de crise?* Na realidade, o ideal seria economizar antes dos tempos de crise. Mas vejamos a luz do ABC.

1ª. **Fase – *estudo e análise*.** Em meu livro "*Contos da Diáspora*", que possivelmente sucederá este em termos de publicação, abordo o factor cultural como premissa e

> **Sim, mas lembre-se de que a sua atitude vai sempre determinar a sua altitude.**

esteio, para várias atitudes comportamentais. Digo ainda que, a nossa atitude vai sempre determinar a nossa altitude. Tudo isso para esclarecer e elencar o factor cultural como catalisador das nossas decisões, inclusive financeiras. Sendo assim, é preciso cultivar a ideia de economia para não cair na monotonia. Você precisa de facto estudar e analisar com base em seu orçamento, todas as demais decisões financeiras e sociais.

O Ex-Presidente norte americano Harry Truman ficou notoriamente conhecido, por uma frase simples, mas, que resumia sua postura e ética comportamental: *"the buck stops here"*, significando que ele era quem tinha de tomar as decisões e aceitar a responsabilidade de cada uma delas. Vamos analisar melhor essa frase e colocá-la em perspectiva na próxima fase.

ABC – 2ª. Fase – *Viabilidade*. A decisão de economizar não é simpática, pois ninguém gosta de planos de austeridade, porém é uma responsabilidade que você terá de assumir, caso queira prosperar. Vou dar-lhe um exemplo para melhor clarificar essa noção, colocando-a em perspectiva. Meus avôs *"cartaram"* água, meus pais *"cartaram"* água, e eu também *"cartei"* muita água. Porém, eu disse para mim mesmo, aos 18 anos de idade: *"the buck stops here"*, meus filhos não irão "cartar" (acarretar) água!

Talvez, naquela altura fosse inocente e apenas um sonho atrevido. Sim, mas lembre-se de que a sua atitude vai sempre determinar a sua altitude. Foi, imbuído nesse espírito e determinação, que comecei desde cedo a economizar, perspectivando poder investir ou criar uma estrutura mais sólida do que a que havia herdado, sendo sempre agradecido a minha Mãe pelos esforços e sacrifícios. O princípio aqui é *quanto mais cedo já estou atrasado.*

> **Em tempos de crise, ainda é grátis sonhar, porém, do sonho a realidade, pode haver uma eternidade.**

Para casais, sugerimos um estudo conjunto de caso, salientando de que, é muito mais fácil economizar quando as acções são combinadas e conscientes. A pior sabotagem é o efeito *contramão*, ou seja, quando não existe um acordo entre o casal com relação ao objectivo e importância de se economizar. Leva algum tempo, mas é prazeroso e jubilante, ver os frutos de uma acção conjunta e combinada. Por exemplo, o casal pode começar a economizar com vista a preparar-se para comprar uma casa ou algum outro investimento. Podem juntos começar a economizar um montante no primeiro mês, e ir aumentando na medida do possível e do objectivo que se pretende alcançar.

ABC – 3ª. Fase – *Implementação.* Comecei a pensar em morar nos Estados Unidos da América, desde cedo. Tinha apenas 10 aninhos de idade, quando fiquei órfão de pai, e fui pouco depois parar num orfanato, na província de Benguela, República de Angola. Por mais incrível que pareça, foi ali mesmo, na Escola Agropecuária e Industrial Joaquim Kapango, que se iniciou o sonho da América.

Em tempos de crise, ainda é grátis sonhar, porém, do sonho a realidade, pode haver uma eternidade. O princípio aqui é *equilíbrio* e *perseverança*. Depois desse tempo tive vários estágios, empregos e conselhos. Nessa fase você terá de ter muita cautela, pois as adversidades e circunstâncias temporárias podem confundir e sacudir sua postura permanente.

Desde o primeiro emprego como motorista de táxi, até ao último, como Operador de Viagens, na Hull Blyth Angola Lda, andei assemelhado a uma mulher resguardando-se do seu parto fresco. Apesar das dificuldades que passava, tinha a todo o custo o cuidado de economizar sempre algum, para o cumprimento do meu sonho. É preciso implementar um plano de economia, para ser possível contemplar seu sonho ou desejo de estabilidade financeira num futuro próximo. É igualmente necessário evitar todo o tipo de exercício dispendioso, como exemplificado no ponto a seguir.

Prevenir despesas – infelizmente, esse é o *"calcanhar de Aquiles"* das sociedades consumistas. *Será possível prevenir despesas?*
Resposta – ABC – 1ª. Fase – *estudo e análise.* Existem pessoas que simplesmente não se podem conter ao ver à venda algo atractivo, quer seja roupa, sapatos, aparelhos domésticos, meio de transporte, artigos de colecção, etc. É necessário estudar com profunda análise formas de se prevenir gastar dinheiro, sobretudo nas coisas que não sejam de facto imprescindíveis para o seu *modus vivendi*.

Há alguns anos atrás, eu havia sido mordido pelo "mosquito dos sapatos". Por mais incrível que parecesse, eu devia ter um par de sapatos para cada combinação de roupa. É que no passado, eu havia chegado a andar de sapatos velhos e com sola muito desgastada, sapatilhas furadas, e já na fase adulta, contava apenas com um par de sapatos para todas as combinações e ocasiões. Cuidado com a vingança do ego, o princípio aqui é *contentamento*.

Talvez, por isso, ao chegar aos Estados Unidos e com um poder de aquisição muito maior, em relação ao que tinha em Luanda, perdi-me, totalmente rendido ao cupido e engodo. Queria comprar todo o par de sapatos que parecessem servir bem a combinação imaginária. Azul, cor de jacaré, preto, castanho, creme, verde, cinzento, tinha de tudo e com todos os feitios. Hospedei por algum tempo em minha casa na Florida, um estudante angolano, e numa ocasião, ao ter acesso ao meu quarto, ele criticou-me veemente, inclusive dizendo que aquilo era exagero e ignorância.

Como tem sido com você? Você é do tipo que compra tudo o que vê e que gosta? No que você tem gasto seu dinheiro? Aqui é de facto necessária uma análise profunda e sincera, para que você não se engane a si mesmo. O dinheiro despendido nessas coisinhas por cada dia, lhe pode roubar a oportunidade de chegar a estabilidade financeira a médio ou longo prazo. Lembre-se, *o único dinheiro que sai e volta é o dinheiro bem investido*. Falaremos disso mais adiante.

ABC – 2ª. Fase – *Viabilidade*. O quanto você tem gasto com coisas desnecessárias ou simplesmente que não sejam justificadas? Quanto você tem gasto apenas para

> "Porque gastais dinheiro naquilo que não é pão, e o vosso suor, naquilo que não satisfaz?" Isaías 55:2.

manipular a impressão de terceiros, ou modificar sua imagem. Aqui está o problema, em muitos dos casos. Tenho visto ao longo dos anos, situações em que as pessoas se preocupam mais com a imagem do que com o bem-estar.

Existe um versículo bíblico que nos chama a atenção ao facto de que apesar de todos os cuidados, ninguém vai poder acrescentar um côvado a sua estatura. Porém, quando você presta atenção e coloca em evidência, métodos e formas de prevenir despesas e gastos desnecessários, o seu futuro lhe apresentará não apenas meios para a imagem, mas também para derrapagem. O princípio aqui é *comportamento racional*.

Durante as aulas do curso de finanças, cada vez que o professor notasse alguma exibição, quer de sapatos, roupa ou aparelhos de celular novos, por parte dos alunos, ele dizia, parafraseando uma vez mais a Bíblia Sagrada: "porque gastais dinheiro naquilo que não é pão, e o vosso suor, naquilo que não satisfaz?" Isaías 55:2. É importante existir um estado de consciência alinhada com aquilo que é ideal e adequado a uma visão de estabilidade financeira.

Eu não posso de maneira nenhuma esperar alcançar uma estabilidade financeira no meu tempo, se continuar a me render a tentação da compra dos inúmeros pares de sapatos. Tive de parar! Você jamais alcançará estabilidade financeira, se não poder conter seus desejos, apetites e avidez de consumo.

ABC – 3ª. Fase – *Implementação*. Minha primeira medida foi deixar de ir a lojas de sapatos, ou navegar em sites de venda de roupas e calçados, onde também por ocasião comprava bastante. Não basta apenas desejar, é necessário implementar. *Apenas você sabe e pode fazer, o que você agora sabe que tem de ser feito.* Seguidamente, cancelei os cartões de crédito, e já depois de casado, minha esposa passou a vigiar minhas tendências. "Mas, Humberto, eu simplesmente não consigo parar".

Da próxima vez que você for as compras, passe em revista sua lista e ponha de molho qualquer apetite desenfreado.

Eu compreendo, e certas vezes isso é como um vício, por isso escrevo esse livro para servir de ajuda e incentivo. O princípio aqui *é tolerância zero*. A estratégia é não ceder, sabendo de antemão que isso pode estorvar o seu futuro, e retardar o alcance da sua estabilidade financeira.

Minha noção de prevenção de despesas, é facilitada pelo factor comparação e valorização. Todas as vezes que estou diante de algum cenário em que esteja quase a gastar dinheiro com alguma coisa, faço logo a comparação do que mais poderia comprar com esse mesmo valor, ou então, que melhor utilidade teria esse mesmo dinheiro. Analisando essa questão pelas lentes do *ABC*, me faz ver de forma mais clara, de que se calhar meu dinheiro teria muito mais utilidade e valor, sendo usado ou ainda melhor, investido em alguma outra coisa ou negócio. É disto que vamos falar no último ponto desse acrónimo.

Da próxima vez que você for as compras, passe em revista sua lista e ponha de molho qualquer apetite desenfreado. Isso vai ser um bom começo. Veja na sua lista de compras, e separe por categorias o que é 1º. **vital**, 2º. **necessário**, 3º. **importante**, 4º. **dispensável**, etc., e tente comprar nessa ordem.

Finalmente, é importantíssimo a sua concentração total na aplicação de todas essas medidas de contenção, e para o efeito evitar por algum tempo os sabotadores comuns. Deixa de comer em restaurantes durante esse tempo, até alcançar sua meta. Não sei como é no seu país ou região, mas aqui em Nova Iorque, por exemplo, dependendo do restaurante, o que eu gastaria com a minha família, numa simples refeição, pode equivaler as compras de uma semana. O que fazer então?

Deixa de ir ao cinema ou alugar filmes. Ao invés, leia alguns livros como este ou outros no campo e âmbito educativo. Evita a todo custo, fazer longas e dispendiosas viagens, ir a bares ou discotecas, onde a emoção lhe impulsione a deixar parte considerável do seu sustento. Pense por favor nisso e implemente o mais breve possível.

Investir – Dependendo da sua cultura ou origem, talvez essa seja uma das palavras quase nunca usadas no seu colóquio. Na realidade, alguns estão muito mais familiarizados com o termo poupar, do que investir. Alguém, sarcasticamente perguntou-me uma vez, enquanto dissertava sobre o assunto: *"isso é de comer, ou de passar no cabelo?"*

É raro, parece remoto e fora de moda, porém, investir é se calhar o trapézio para a principal diferença e barreira entre o que você é hoje, e o que poderá ser daqui adiante através das lentes do *ABC*, cuja 1ª. Fase – *estudos e análise*, irá colocar tudo isso em perspectiva. Disse Louis Glickman: *"O melhor investimento aqui na terra é a terra".*

Depois que você investe e vê os resultados, você nunca mais quer parar, porque na essência, é o seu dinheiro que agora passa a trabalhar a favor do seu orçamento. *Quando foi a última vez que alguém trabalhou para favorecer o teu orçamento?* Possivelmente como muitas outras vezes ouvi, sua resposta poderá ser: *"ninguém"*, e consequentemente, eu acrescentaria com ênfase, de que ninguém o fará. Porém, o seu dinheiro pode começar a fazê-lo por você. O seu dinheiro pode ser o seu trabalhador ou empregado no futuro, dependendo das medidas que você optar por tomar hoje. É simples, e aqui uma vez mais, cabe enfatizar de que *a sua atitude determinará a sua altitude*.

Nesta fase, a ideia é estudar e analisar formas de investimento, onde e como investir. Todavia, assim como nem todas as rosas são cor de rosa, também, nem todos os investimentos são bons. Certamente você já deve ter ouvido falar na queda da bolsa de valores, baixa do preço do petróleo, etc., e outros procedimentos ou tácticas de multiplicação que causam o levar de muitas *mãos-a-cabeça*. Portanto, procure encontrar investimentos inteligentes e mais seguros, na medida do possível. Tenha como meta o alcance de investimentos que você poderá deixar como herança autossustentável para os seus filhos, e para as gerações posteriores.

ABC – 2ª. Fase – *Viabilidade*. *Mas será que existem investimentos seguros?* Boa pergunta.

Na fase anterior abordamos a necessidade de se ver como, com quanto, e onde investir, e aqui vamos dissertar acerca do processo de investimento mais propriamente. Com o acumular da nossa experiência no mercado de negociações e também pelo número de solicitações por parte de clientes, nos vimos galvanizados a criarmos a ANI – Agência de Negociação Internacional, que foi subsequentemente credenciada para efectuar todo o tipo de negociações, iniciadas, intermediadas ou concluídas nos Estados Unidos da América.

> **Seu dinheiro tem valor, e precisa ser bem e seguramente aplicado.**

Depois de alguns anos lidando com o intermediar de compras e vendas, assim como o intercâmbio de estudantes internacionais, atingimos hoje um grau considerável de experiência em negociações de contratos comerciais e também investimentos internacionais. A Agência de Negociação Internacional, para o efeito procura, em nome do cliente, encontrar investimentos inteligentes e seguros, que proporcionem ao cliente, tranquilidade e estabilidade financeira. É mais ou menos, desse tipo de agência ou prestadora de serviços, que você necessita no processo de investimentos.

Seu dinheiro tem valor, e precisa ser bem e seguramente aplicado. Um investimento inteligente e seguro deve normalmente trazer-lhe muito mais lucros do que dores de cabeça, e muito mais benefícios do que despesas. Warren Buffett, um norte-americano figurado pela Forbes, entre os 5 homens mais ricos do mundo, tem como sua regra #1 *"nunca perder dinheiro",* e regra #2 *"nunca se esquecer da regra #1".* O princípio aqui é *prudência e consistência*, e nessa senda temos como investimentos preferidos a compra de propriedades ou terrenos, um mercado que já dominamos desde 2005. *"Os donos de propriedades enriquecem enquanto dormem"* John Stuart Mill.

ABC – 3ª. Fase – *Implementação.* Posteriormente, depois do estudo, análise e ponderação, chegou o tempo de implementar. Disse Seth Klarman, um investidor e filantrópico americano que, *"Investimento é o cruzamento entre economia e psicologia".* Investimento, é portanto, um processo que requer preparação objectiva e mental. Quando aprendi e tomei consciência da necessidade de investir, fiquei 7 anos sem gozar férias. Apenas tinha o intervalo laboral para o período da pausa para o Natal. Todo o dinheiro que ganhava pensava em investir. Na realidade, para que você comece a investir, seu estado mental tem que ser firme. *Investir tem de ser seu verbo e seu cerco.*

Depois de 16 anos nos Estados Unidos da América, pude rever alguns amigos de infância e juventude, e de bom grado ver o progresso de alguns. Porém, chamava-me a atenção o facto de que, alguns dos que menos progresso tinham feito, eram os que mais criticavam minha imagem e aparência. *"Possas, tanto tempo na América, e nem sequer umas Jordans, umas Nikes, ou griffe. Até nós que ficamos aqui temos griffe e swag."*

Quando você está no processo mental e objectivo de investimento, sua visão muda, e seu faro se torna mais acurado para as coisas que de facto vão de encontro com a nova economia e psicologia. É imprescindível começar a implementar todos esses princípios já, para recuperar o tempo perdido. O princípio aqui é *obsessão voluntária*.

Elizabeth e eu, começamos por investir em gravatas, pares de meias, e depois relógios e bolsas, e hoje temos um investimento sólido com algumas propriedades. Reconhecemos, porém, que, (como foi conosco) para se investir, as vezes é necessário mais dinheiro, e foi por essa razão que procuramos arranjar outros empregos adicionais. A ideia aqui é que você faça o necessário, possível, aceitável e legal, para começar a investir. Esse é o único dinheiro garantido para a sua estabilidade, e prosperidade dos seus no futuro. Recorde-se *"the buck stops here"*.

Nosso objectivo é fazer de cada leitor um investidor.

Além do mais, foi ainda quando eu era estudante a tempo integral, que comecei a vender meus carros a todos que quisessem comprar. Essa foi na realidade, minha primeira experiência. Todas as vezes que alguém elogiasse meu carro, por mais de uma vez, eu perguntava se queria comprar. Com essa mentalidade e determinação, comprei e vendi cerca de 13 carros até hoje. Era também uma forma de pagar meus estudos, dado que não tive bolsa ou subsídio de estudos até a minha 2ª. Formação. Movido pela noção de implementação, procurava em quase todas as ocasiões e circunstâncias, algo que pudesse multiplicar nossos recursos.

Ainda hoje, sempre que a Elizabeth faz alguma arte brilhante ou um simples sandwich bom, eu ofereço-me logo para industrializar e vender. É essa mentalidade que através dessa edição, procuramos inculcar na mente de cada leitor. Nosso objectivo é fazer de cada leitor um investidor. É tempo de implementar para não apenas contemplar o sucesso dos outros e a amargura dos nossos. *"The buck stops here".*

Assisti a uma apresentação de Bone Rodrigues, autor, actor e investidor americano, na qual ele dissertava sobre a receita para a riqueza, dizendo que *"o rico compra investimentos. Preferivelmente, investimentos ou negócios que passem a gerar mais dinheiro, o que vai permitir ao rico comprar outro negócio ou investimento, e produzir mais dinheiro."* Pense bem nisso. *"Os ricos são sustentados, por seus negócios ou investimentos."* Não por governos, não por outras pessoas, e nem tão pouco por salários.

Embora estejamos aqui a falar de estabilidade financeira, penso que com a mentalidade certa e alinhada aos princípios enunciados, você poderá encaminhar-se para o mesmo cenário. *O importante é começar a investir sem desistir.* Cuidado com os inimigos do seu sucesso.

O pior inimigo dessa fase é a desistência, porém é impreterível continuar. O primeiro carro que comprei e vendi nos Estados Unidos da América do Norte, foi um Chevrolet Lumina de 1991, em 1999, que havia comprado a um missionário por $1,000.00, e o vendi (depois de algumas transformações) por $3,500.00. Porém o último já foi um Toyota Highlander Edição Limitada muito mais recente.

Meu amigo Jonas Mariano, Director de Vendas da VIDAUSA-Bookstore, dizia-me repetidas vezes que, "sucesso aparece primeiro que trabalho, apenas no dicionário". É tempo de arregaçar as mangas e começar a trabalhar na implementação do investimento que você já está a objectivar e ponderar. É necessário você começar com o que for possível.

Bom investimento!

> "Nossa única limitação é aquela que colocamos em nossas próprias mentes" Napoleão Hill.
>
> "Nós não precisamos de ser mais inteligentes do que os outros. Apenas temos de ser mais disciplinados do que os outros" Warren Buffet.
>
> "Um investimento em conhecimento paga os melhores juros" Benjamin Franklin.

ADMINISTRAÇÃO
TRADICIONAL VS. FUNCIONAL

Uma vez que não tenho o domínio total, de como funcionam as empresas, ministérios e repartições de cada Estado, a nível interno, vou deixar aqui algumas observações e constatações, a nível do funcionamento das representações no exterior, e então propôr melhorias através das lentes do modelo *ABC*.

Existem a nível dos órgãos citados, fundamentalmente dois tipos de administrações. Vou, portanto, falar do vigente e secular adoptado, sobretudo pelos países subdesenvolvidos e em vias de desenvolvimento, e posteriormente, propor o que penso, após provado, ser o ideal para a resolução dos problemas tanto administrativos como financeiros.

Modelo Tradicional – este modelo é, portanto, *centralizado, monofásico, dependente e unidimensional*. Para tornar mais interactivo, estaremos intercalando essa dissertação com a variante vigente, e logo a seguir a proposta ideal, fazendo, no entanto, as devidas considerações por cada uma delas. Vamos então analisar agora, numa narrativa ligeiramente diferente do que abordamos até aqui com os modelos *Chave Tripla e EPI*.

Modelo vigente: *tradicional – centralizado*

Para o caso das representações no exterior como o Ministério das Relações Exteriores e outras organizações internacionais de alguns países, no modelo tradicional-centralizado, a instituição ou estatuto determina o valor e paga as rendas. Vamos analisar por cenários:

Cenário #1. - Por exemplo, a instituição ou ministério, determina que o valor do aluguer que corresponde ao funcionário em representação no exterior do País, é $4000 por mês e portanto, localiza a propriedade, celebra o contrato em nome da instituição (burocracia), e efectua o pagamento da referida renda por mês.

Cenário #2. – A instituição ou ministério determina o valor do carro e paga pela compra do mesmo a ser atribuído ao funcionário, e ainda paga pela manutenção e pelos reparos do referido carro (isenção de responsabilidade pessoal). Em suma, nesse modelo *tradicional-centralizado*, a instituição, governo ou Estado paga tudo. Essa é a equação: *governo manda + governo determina = governo paga caro.*

Nossa proposta vem no bom sentido, contrariar esse modelo e apresentar uma alternativa, que vai certamente, não apenas multiplicar os recursos do Estado, mas também, permitir mais *kumbu no kafokolo* dos funcionários. Vamos então analisar com cenários paralelos.

Proposta

<u>Modelo ideal:</u> *funcional – descentralizado.* O modelo *funcional-descentralizado* é o modelo de gestão no qual a instituição ou governo legisla, e orienta apenas a distribuição dos recursos por categoria, deixando, portanto, a aplicação, por parte do funcionário. Nessa senda, a instituição ou governo, vai apenas servir de facilitador, capacitando o funcionário para a possibilidade de escolher seu *modus vivendi*. Vou explicar.

Nesse modelo, a satisfação é contínua e abrangente porquanto, do limite legislado, o funcionário poderá alocar menos do que lhe foi distribuído, tendo assim a possibilidade de investir o resto, ou canalizar para suprir outras necessidades, como pagar pelos estudos de seus filhos, etc. Quando é a instituição ou Estado a alugar e pagar pelo aluguer, apenas o senhorio e o País anfitrião acabam enriquecidos, e mais uma vez, nossos recursos vão para fora das nossas comunidades. Existe uma opção melhor.

Quando é o funcionário a escolher e pagar pelo lugar onde irá morar, o dinheiro que resta é consequentemente aplicado, e de uma ou outra forma redistribuído em nossas comunidades. Para além disso, o contrato de aluguer estará em nome do funcionário, acarretando para si muito mais responsabilidades, e aliviando assim a tensão e burocracia por parte da instituição ou governo que representa.

Outrossim, a instituição ou governo deverá igualmente, apenas distribuir com limites os valores alocados para o pagamento dos restantes serviços

Finalmente, esse modelo facilita a possibilidade de investimentos, tanto para o funcionário como para a instituição.

pertinentes, como o de energia, água, esgotos, etc., sendo da responsabilidade do funcionário e não da instituição ou Estado, não passar dos limites estabelecidos, sob pena de custear gastos adicionais. Nesse modelo, nunca haverá responsabilidade ou pagamentos adicionais por parte da instituição ou Estado representado.

O modelo *funcional – descentralizado* tem, portanto, a seguinte equação: *governo orienta + governo facilita = governo controla (gastos e cumprimento de metas e objectivos)*. Em suma, a possibilidade de sucesso contínuo é definitiva. Quando é o Estado que paga tudo, existem abusos e excessos, para além da isenção total de responsabilidade por parte do funcionário. Isso é mais ou menos equivalente ao emprestar seu carro ao marido da sua irmã mais velha. Basta apenas olhar em alguns países, a diferença entre a conservação dos meios estatais e dos meios privados.

Sugerimos, portanto, o modelo *funcional – descentralizado,* por ser o ideal, provado e já praticado por algumas outras representações, como Consulados, Missões Diplomáticas, e também Organizações Internacionais, como as Nações Unidas, pelo menos em Nova Iorque.

Finalmente, esse modelo facilita a possibilidade de investimentos, tanto para o funcionário como para a instituição. Estive num dos encontros com os Administradores das Missões Diplomáticas acreditadas pela

Organização das Nações Unidas em Nova Iorque, em abril de 2017, onde entre outras, tomei conhecimento de uma Missão que possuía, só em Nova Iorque, 20 propriedades. "*Wow!*" Foi exactamente o que pensei.

Porém, vendo bem, tudo isso é possível dentro da proposta aqui apresentada, uma vez que haverá grandes poupanças para ambas as partes, e assim a possibilidade de se investir em propriedades. Foi exactamente isso que tentei, a todo custo, enfatizar logo após minha entrada para a estrutura central da instituição que laboro. Vou esclarecer.

Como devidamente enunciado anteriormente, as medidas de gestão administrativa-financeira que aplicamos em nossa instituição, nos permitiram projectar uma poupança de mais de $260,000.00 para o ano de 2017. Se fôssemos investir esse dinheiro em propriedades, poderíamos, a cada 3 anos, comprar uma propriedade em Nova Iorque, ou uma propriedade por ano, em outras Províncias dos Estados Unidos.

De igual modo, ao invés de se pagar aluguer para os funcionários, o dinheiro ora alocado, devia ser investido em propriedades, dando de entrada uma certa quantia e adquirir financiamento para o resto. É exactamente isso que está a ser feito por várias instituições e representações de outros países. Se isto for feito com rigor e perseverança, com quantas propriedades se poderá contar daqui há 20 anos? Certamente seria mais uma fonte de renda autossustentável de modo geral.

Foi nesse sentido e percepção, que Elizabeth e eu compramos nossa primeira propriedade na Florida, numa altura em que eramos ambos apenas estudantes, e trabalhando de forma irregular. *Como foi possível isso, estando a viver na América por apenas 5 anos?* Simplesmente, compreendemos que o que estávamos a pagar pelo aluguer de um apartamento que nunca seria nosso, era equivalente ou até menos do que podíamos pagar numa propriedade que futuramente seria nossa. Penso ser até uma questão de bom senso.

> **É necessário sairmos do tradicional e passarmos para o funcional.**

Estive numa instituição vizinha aqui em Manhattan, que há 20 anos está instalada num edifício a pagar aluguer. Senti-me bastante compelido e perguntei, como era possível e se já haviam feito a conta de quanto haviam gasto, numa propriedade que nunca seria deles. Essa foi a resposta: *"nunca havíamos parado para pensar e fazer contas".* É necessário sairmos do *tradicional* e passarmos para o *funcional*.

Modelo vigente: *tradicional – monofásico.* O modelo *tradicional – monofásico é* o modelo de gestão no qual o sistema de produção, distribuição e consumo, é formado por uma única fase ou corrente alternativa, e, portanto, toda a voltagem varia da mesma forma (mesmos resultados). Aqui a responsabilidade de produção é apenas do Estado. Não existe abertura ou inclusão de mentes ou acções privadas, no sentido de se criar alternativas ou a multiplicação de esforços ou conhecimentos, no sentido de se dividir a carga e explorar com perspectivas diferentes.

Por conseguinte, esse modelo ou sistema de gestão, pode apenas suportar alguns focos de iluminação, aquecimento, e pequenos motores eléctricos. A equação e raciocínio desse modelo é: *um só provedor X um só supervisor X um só responsável X um só responsabilizado = governo sobrecarregado.* Essa equação, também a nível interior, cria sobrecarga, aumenta a burocracia, impulsiona à corrupção, e impossibilita ao Estado fazer projecções e cumprir metas e objectivos. A verdade é que, com o crescimento das populações, também se aceleram os problemas sociais e a mutilação do provedor de recursos.

"O planeamento de longo prazo não lida com decisões futuras, mas com o futuro de decisões presentes" Peter Duke.

PROPOSTA

<u>Modelo ideal:</u> *funcional – multifásico.* O modelo *funcional - multifásico* é o modelo de gestão no qual o sistema de produção, distribuição e consumo, é formado por múltiplas fases ou correntes alternativas (barragens, geradores), e, portanto, com uma voltagem com múltiplas variações (resultados diversificados). Nesse contexto e cenário, o Estado convida, elege ou aceita vários outros parceiros, a participarem na construção de uma estrutura, com vista a suportar todos os desafios e espectativas do povo e da sociedade.

Este é um modelo equiparado a casa onde o pai é que manda, mas todos contribuem para a manutenção, sustentabilidade e continuidade da família e do lar. Portanto, este é o modelo ideal, na medida em que o sistema multifásico pode suportar múltiplos dependentes, independentemente do porte ou necessidade. Assim, este modelo demonstra muito mais eficácia, na medida em que divide cargas e distribui tarefas entre os parceiros e contribuintes. Aqui, uma vez mais, o Estado vai legislar, distribuir e supervisionar o cumprimento da lei e princípios de funcionamento, cabendo aos demais as responsabilidades de cumprimento e eficácia. Pense nisso, facilidade, cumprimento e eficácia.

Modelo vigente: *tradicional - dependente.* O modelo *tradicional – dependente* é o modelo de administração dependente da gestão e consultoria estrangeira, traduzida por um trabalho relativamente eficiente, mas, com custos bem mais elevados. Portanto, ele é caracterizado por uma administração dependente, eficiente, porém superfacturada, com custos altos e descontrolados (inflação contínua). Nesse sistema, quase sempre se têm que sacrificar trabalhadores das camadas mais baixas, por formas a fazer face aos valores cobrados pelos gerentes, consultores ou trabalhadores estrangeiros, deixando assim um grande número de famílias nativas ao relento. É uma tremenda *faca de dois gumes* tanto a nível interior como exterior.

Se por um lado, a nível interior se desenvolvem de forma eficiente os projectos e se alcançam atempadamente metas estabelecidas, pela empresa, instituição ou Estado, por outro lado, se está a privar a economia do País, uma vez que consultores ou trabalhadores estrangeiros, não investem e pouco circulam seu dinheiro, fora de suas comunidades.

Para além da questão isenção de impostos, esse dinheiro é enviado para investimento e desenvolvimento de seus países de origem, e com toda a razão. Para termos uma noção, 60% da economia de El Salvador é sustentada pelos envios de dinheiro proveniente dos trabalhadores imigrantes de El Salvador nos Estados Unidos da América. Essa tendência é normal e facultativa.

A nível exterior, pese embora exista uma quota de contratação de empregados nativos do País hóspede, ao nos concentrarmos na contratação de consultores ou trabalhadores estrangeiros, está-se uma vez mais, a privar o desenvolvimento da economia do País representado (por causa da tendência acima referida), e da estabilidade da comunidade na diáspora, onde existem quadros tão ou até mesmo melhor qualificados.

Nesse sentido, aos dois níveis, permita, por obséquio, a constatação de que esse modelo *embora eficiente, não é eficaz*, na medida em que tais gerentes, consultores ou trabalhadores, muitas das vezes são também provenientes de países do terceiro-mundo ou subdesenvolvidos.

Proposta

<u>**Modelo Ideal:**</u> *funcional – independente.* O modelo *funcional – independente* é o modelo ou sistema de administração ou gestão, independente da consultoria estrangeira, traduzida por um trabalho experimental,

Disse Malcom X: "educação é o passaporte para o futuro, pois o amanhã pertence àqueles que se prepararam hoje".

mas, consciente e legítimo, com custos controlados e justificados (prata da casa). Este modelo é, portanto, caracterizado por uma administração independente, experimental (da qual se pode demandar e esperar mais), moderada e com custos justos e controlados.

Nesse sentido, este modelo se propõe ser eficaz, na medida em que ter-se-á gerentes, consultores ou trabalhadores nacionais e conscientes, buscando a superação diária, aplicando todos seus conhecimentos e experiências laborais em prol do desenvolvimento do sector, departamento, ministério ou País.

Não pretendo ser idealista, porém, creio não se poder depender da ajuda ou cooperação estrangeira em todos os aspectos de uma sociedade, e por toda a vida. Assim, julga-se oportuno, aqui invocar a participação e esforço de cada trabalhador nacional, no sentido da busca e alcance de posturas, capacitação e superação nas mais diversas áreas, sobretudo naquelas em que o País se mostra deficiente. Disse Benjamin Franklin a propósito da educação e formação de quadros que *"a única coisa mais cara do que a educação é a ignorância".* Mais no sentido lato do que pejorativo, diz a Bíblia sagrada, traduzindo a expressão de Deus que: "o *Meu povo perece por falta de conhecimento. Oseias 4:6a.* Pense nisso.

Finalmente, é importante invocar de igual modo, que se invista não apenas na educação, mas também na qualificação de quadros para se poder assegurar o desenvolvimento contínuo e eficaz. Disse Malcom X: *"educação é o passaporte para o futuro, pois o amanhã pertence àqueles que se prepararam hoje"*. Pense nisso. Educação e preparo são pedras basilares para o desenvolvimento e sustentabilidade de qualquer empresa, instituição ou Estado que perspectiva sucesso e desenvolvimento.

Modelo Vigente: *tradicional – unidirecional.* O modelo *tradicional – unidirecional* é o sistema de gestão confinado a alcançar sempre os mesmos resultados (altos custos), na medida em que o Estado, através da instituição ou ministério, arca com todas as despesas. Algumas vezes quando melhor tentávamos gerir o património do Estado, fomos veementemente contestados, pelos apologistas da noção de que "*o dinheiro é do Estado.*" E quem defende o Estado? E quem é o Estado? Se não haver uma visão clara e entendimento para com essas duas questões, a liderança será ou tenderá a ser fragilizada.

> E quem defende o Estado? E quem é o Estado? Se não haver uma visão clara e entendimento para com essas duas questões, a liderança será ou tenderá a ser fragilizada.

Esse modelo é, portanto, mais vigente no exterior e caracterizado por um só objectivo (pagar), um só favorecido (a economia local), um só enriquecido (o governo local), e por uma satisfação relativa e temporária (utopia). Vou explicar melhor no próximo modelo. Aqui, a questão de um só favorecido e de um só enriquecido, diz respeito as representações no exterior, onde o mais beneficiado é o País hóspede. Milhões e milhões de dólares são deixados todos os anos nesses países, pelas instituições representantes dos Estados acreditados pelo País anfitrião. É hora de melhor racionalizar e direccionar tal avultada soma. Veremos essa possibilidade através do modelo ideal, conforme proposta a seguir.

Proposta

<u>**Modelo Ideal:**</u> *funcional-tridimensional.* O modelo *funcional – tridimensional* é o sistema de gestão projectado a alcançar resultados positivos e diferentes (custos variados), na medida em que o governo vai apenas servir de *regulador e facilitador* das relações económico-financeiras do funcionário representante do Estado no exterior do País. O dinheiro continua a ser do Estado e o cidadão deve defender o Estado, pois o Estado somos todos nós e cada um de nós de forma individual primeiro, e depois colectiva (*a responsabilidade é minha*).

Essa deve ser a consciência de cada cidadão, na nossa opinião, dentro ou fora do País. Quando os recursos do Estado são geridos e manuseados com essa consciência, tende a haver uma multiplicação e melhor alocação.

Este modelo de gestão tem portanto, vários objectivos (orientar e facilitar), e visa constituir vários favorecidos (funcionário representante e a economia local), vários enriquecidos (Estado representado e o governo local), produzindo para o efeito uma satisfação permanente e absoluta, por causa de sua filosofia.

"A administração pública não é ainda uma ciência, mas já deixou de ser uma arte, para ser uma técnica" Osvaldo Aranha.

"Administração é feita tomando-se decisões e vendo se essas decisões estão implementadas" Harold Geneen.

"O conhecimento não está vinculado a País algum. É transnacional, é portátil. Pode ser criado em qualquer lugar, de forma rápida e barata. Ele é, por definição, mutável" Peter Drucker.

DINHEIRO COMUM VS. DINHEIRO PRIVADO

COMPARAÇÃO DE MODELOS ADMINISTRATIVOS

Nesta primeira edição, pensamos ser oportuno abordar e comparar também, pelo menos dois modelos de administração financeira, mostrando, portanto, benefícios e desvantagens, assim como enunciando razões e as virtudes da nossa eleição e recomendação. *Dinheiro comum vs. Dinheiro privado* é parte do material que usamos para admoestar algumas das Missões Diplomáticas em Nova Iorque, sempre que é solicitado o devido apoio e recomendação.

Portanto, é parte do Projecto *ABC (Acções Básicas e Concretas)*, criado especificamente para a melhor gestão administrativo-financeira de Missões Diplomáticas e representações de qualquer Estado no exterior. Vamos começar primeiro pela versão *Dinheiro Comum* usualmente praticado por muitas representações dos Estados de países do terceiro mundo ou subdesenvolvidos.

DINHEIRO COMUM

A semelhança do que vimos antes no modelo *tradicional – centralizado*, o *Dinheiro Comum* é o sistema onde o Estado paga tudo (ostentação) ao Estado acolhedor, e apenas ganha e enriquece o Estado acolhedor. Esse modelo acarreta uma série de conceitos equivocados e consequências nefastas para o Estado, cujo teor abordaremos abaixo.

1º. Conceito - Preços mais altos – *"tectos e direitos"*. Normalmente, as Missões Diplomáticas são guiadas e reguladas por um diploma ou estatuto que outorga aos funcionários tectos (limites) em termos do que se deve alocar especificamente, e direitos. Portanto, o que se vai gastar ou consumir com a estadia do funcionário no exterior, já está estabelecido e sacramentado. Nessa senda, a Missão Diplomática em conformidade com os tectos e direitos aluga as residências e compra viaturas. É importante notar que todos os preços já estão pré-estabelecidos pelo Estado e pré-concebidos pelo funcionário. A maior desvantagem desse modelo é a *Inflexibilidade*. Passo a explicar.

Esse sistema tradicional, constitui-se, por si só, num enorme estorvo ao incentivo de negociações, e facilita o elevado e acelerado grau de ostentação e enriquecimento do País acolhedor, de uma forma geral. Não existe uma possibilidade de negociação entre o Estado e o funcionário, acabando sempre o Estado por pagar a tabela cheia e cabendo ao funcionário se limitar a aceitar o estabelecido.

Aqui as desvantagens centram-se no facto de que tanto o Estado como o funcionário ignoram as possibilidades de se poupar dinheiro, morando em outras casas e partes da mesma cidade, e também de se comprarem carros mais acessíveis ou adequados a vida real do funcionário, conforme explicamos adiante. De certo modo, isso é parte fundamental da medida que aplicamos em nossa Missão Diplomática, que nos permitiu em 2016 projectar uma poupança de $120,000.

2º. Conceito – Eu mereço, Eu padeço – *"utopia"*.
Por causa da questão elencada no primeiro conceito, existe uma certa resistência por parte do funcionário quando é abordada a questão de transferência de residências, até que após efectuação se depare com uma realidade totalmente diferente. De quando em vez, assumo momentariamente a postura patriarcal, para recordar e fazer com que se aterre a realidade de que assim como a missão, também *"a casa que o funcionário usa no exterior é passageira"*. Sendo assim, é utópico "lutar-se" para viver numa casa cara ou conduzir carros executivos ou inadequados. Vou explicar.

Dependendo de onde o funcionário for colocado, pode passar a desfrutar e visualizar um grande conforto ou aparência, o que vai certamente impactar sua imagem ou autoestima, e afectar o estado emocional de sua família (no caso de a possuir). Porém, quando a missão terminar para onde irá morar o funcionário? No caso do carro executivo, porém inadequado para a realidade do funcionário, como fará no término da missão? Veremos as respostas para todas essas questões no sistema *Dinheiro Privado*, que criamos e propomos como alternativa.

3º. Conceito – O luxo fica a cabeça pica – *"fim de missão"*. O fim de missão é normalmente tido como um momento de tédio e desconforto para alguns funcionários do Estado no exterior. Uma das razões para além do fim da missão para a qual foi comissionado, é a separação do conforto, imagem e circunstâncias que impactavam sua autoestima, a começar pela casa que morava e o conforto experimentado. Muito particularmente, para as famílias com filhos menores, o factor meio ambiente assim como o sistema escolar ora experimentado, constituem grandes motivos de transtorno e confusão. Por mais que o funcionário tente explicar, pouco ou nada ele poderá fazer contra essa constatação.

Antes de vir trabalhar para o Estado, através do Ministério das Relações Exteriores, e comissionado para esta função de Administrador de uma Missão Diplomática, fui por muito tempo parte do Conselho de Administração de uma outra Organização nos Estados Unidos, onde cheguei a posição de Vice-Presidente. Essa última posição conferiu a mim e a minha família uma estrutura de certo conforto e relativa estabilidade. Portanto, na altura da minha transição para uma instituição do Estado, para uma posição de categoria inferior, a minha maior preocupação era que conforto e estabilidade poderia agora prover à minha família. Talvez por ter ocorrido dentro do mesmo País e já termos uma certa estrutura criada anteriormente, o impacto não foi melindroso e complicado.

Todavia, entendo que para aqueles cujo o destino é o País de origem e dependendo das condições ali criadas, tal transição cria conflitos familiares e transtornos sociais. O mesmo acontece com a imposição da compra de carros executivos ou inadequados, cujas consequências faremos referência no sistema *Dinheiro Privado*, nossa proposta para uma melhor gestão.

Em suma, o sistema *Dinheiro Comum* é, em nossa humilde opinião, disfuncional em termos de estratégias para o desenvolvimento de um Estado ou instituição, na medida que ele suscita arrogância, abusos, sendo de pouca racionalização, pouco proveito, o que no vernáculo popular seria um verdadeiro *saco vazio*.

> *"Mas, o planejamento só é ético quando visa um crescimento que possa se traduzir em melhor qualidade da vida colectiva, um cenário melhor para a vida de todos, e só é democrático quando procura incorporar todos os envolvidos no processo de planejar"* João Caramez.

Vamos agora falar do sistema que criamos e denominamos Dinheiro Privado, parte do Projecto Acções Básicas e Concretas, que usamos como ferramenta para a análise e auxílio financeiro às Missões Diplomáticas em Nova Iorque. Seus conceitos são práticos e antagónicos aos do sistema Dinheiro Comum.

DINHEIRO PRIVADO

Dinheiro Privado é o sistema segundo o qual, o Estado paga o funcionário (facilitação – limitação) e este por sua vez racionaliza e define com o Estado acolhedor, a qualidade e dimensão do seu tecto e direitos de facto. É preciso se ter atenção ao facto de que antes do tecto vêm as paredes e pilares, dependendo da estrutura basilar. Nesse sentido, o tecto é estabelecido em relação ao funcionário, e não ao Estado acolhedor.

Portanto, aqui a recomendação é que se pague directamente ao funcionário, preferindo que o valor alocado seja acrescentado ao salário do funcionário como seu direito, e então ele racionalize de acordo com suas necessidades e pretensões. Vamos analisar alguns conceitos desse sistema.

1º. Conceito – Preços mais baixos – *"aspectos e condições".* Nessa modalidade, o Estado não só possibilita ao funcionário ter mais *Kumbu no Kafokolo*, mas também eleger sua qualidade de vida e níveis de conforto. Com essa abertura, o funcionário tem assim a possibilidade de negociar e limitar o lugar onde morar, de acordo com seus parâmetros, dentro dos limites estabelecidos pelo Estado. Portanto, esse sistema de gestão garante ao Estado e ao funcionário satisfação mútua, uma vez não haverem encargos adicionais para o Estado, e permitir ao funcionário a possibilidade de racionalizar seu tecto e direitos, e nivelar sua vida e conforto à medida de sua projecção económica e financeira.

Nas medidas apresentadas nos testemunhos enunciados anteriormente, são notórias as poupanças logradas, porém, o único benefício para os funcionários é o conforto, pelo facto de terem saído de apartamentos para vivendas. O benefício maior e sobretudo financeiro, foi apenas para o Estado, não obstante termos alcançado preços abaixo dos tectos e direitos conferidos ao funcionário. Assim, com o sistema *Dinheiro privado*, pretende-se entre outras, fazer com que o funcionário possa igualmente ter a possibilidade de poupar e investir o dinheiro para ele alocado quer por estatuto, diploma ou regimento interno.

2º. Conceito – Eu careço, Eu pontuo. Nessa modalidade, o Estado não apenas permite e galvaniza o funcionário a poupar, mas também em contribuir para o sucesso económico de seu País, através do processo de redução de despesas. Ao ter a possibilidade de poupar, o funcionário vai também ter a possibilidade de proceder o envio de dinheiro destinado a investimento no seu País. Assim que aprendi a melhor administrar meus recursos, ainda como estudante aqui nos Estados Unidos, comecei logo e sempre que possível a enviar dinheiro para a minha família. Foi durante esse tempo que também pude comprar um terreno na província onde vivia anteriormente.

Tudo isso o funcionário poderá fazer dentro do sistema *Dinheiro privado*. No próximo conceito falaremos um pouco mais a respeito, mas é importante salientar de que o sucesso económico do funcionário está precisamente na redução de despesas. Possivelmente, o que faria mais sentido e impacto na vida e família do funcionário, *não é morar em casas de luxo ou extremamente dispendiosas, ou conduzir carros executivos escolhidos pelo Estado*, mas simplesmente ter mais *Kumbu no Kafokolo*.

3º. Conceito – O Proveito fica a Cabeça ginga – *"pausa estratégica".* O fim de missão dos funcionários em representação de seus países no exterior, como vimos anteriormente, pode ser a fase mais tediosa e desconfortável, na medida em que eles tenham que regressar a seus países de origem. Nessa altura, fica a casa, o conforto, a imagem e o possível luxo. É nessa ocasião que *a "cabeça pica"*, a família entra em conflito e os filhos ficam confusos. Porém, não precisa de ser assim, e neste último conceito vamos mostrar detalhadamente como virar esse quadro, usando os mesmos recursos e circunstâncias. Essa é a especialidade do Projecto *ABC*.

Segundo nossa análise, o fim de missão deve ser apenas uma *pausa estratégica* se, racionalizarmos bem todos os recursos e oportunidades colocadas a disposição do funcionário. *Como assim Humberto?* Boa pergunta. Eu explico.

Tendo em conta que nos estamos a mover na "arena" do *Dinheiro privado,* é seguro assumir que o Estado terá então incluído no salário do funcionário, o fundo alocado para as despesas de acomodação e mobilidade. Nessa senda, no conceito *"eu careço eu pontuo",* vamos assumir que ao receber esse fundo, o funcionário teve por lógica, a possibilidade de poupar e possivelmente proceder o envio de dinheiro para investimento no seu País. Portanto, com isso em mente, a racionalização do dinheiro poupado e investido em seu País, permite ao funcionário preparar-se para o regresso e assegurar uma certa estabilidade. Vamos tentar dar um exemplo concreto para facilitar a avaliação do exposto.

Se o funcionário ao invés de morar numa casa segundo seu tecto e conforme o seu direito, por exemplo de $4,500.00, confortavelmente instalar-se numa casa $1000.00 mais barata e assim poder poupar $1000.00 por mês, ele terá a possibilidade de poupar $12,000.00 por ano, portanto $48,000.00 num período de 4 anos de missão. Isto, apenas para começarmos a ter uma ideia das possibilidades à disposição, com um pouco de racionalidade. Foi assim, que Elizabeth e eu compramos nossa segunda propriedade nos Estados Unidos da America.

> **Aqui o princípio é apertar o cinto presente para criar a folga futura.**

Aqui o princípio é *apertar o cinto presente para criar a folga futura.*

> **"Quer envelhecer na sombra, plante sua própria árvore" HSC.**

Esse dinheiro pode ser multiplicado quando bem e seguramente aplicado e com juros aceitáveis. Foi isso que fizemos! Colocamos nosso dinheiro a render numa conta de poupanças, de onde não podíamos tirar e nem movimentar esse dinheiro dentro de um certo período de tempo. Valeu a pena, faça o mesmo. Pelo menos nos Estados Unidos e particularmente em Nova Iorque, é possível se efectuar esse ajuntamento de conceitos e mentalidades, no sentido de melhor racionalizar valiosos recursos. Devo em alguma parte dessa edição ter colocado uma das minhas frases favoritas, concebidas em tempos de aprendizado e reflexão: *"quer envelhecer na sombra, plante sua própria árvore"* HSC.

Além do mais, no que se refere a aquisição de carros, para a "cabeça não picar", o conselho é que o funcionário ao receber do Estado o fundo alocado, compre, se de todo, uma viatura que possa fazer conexão com o período pós-missão. Eu explico. Numa conversa com um funcionário do Estado no exterior, perguntei porque era importante ele ter um carro executivo, ao que ele respondera ser porque lhe havia sido atribuído e também por causa da imagem. Quanto a atribuição, foi sincero, mas, no que concerne a imagem, a resposta foi típica de uma mentalidade que faz com que muitos percam muitas oportunidades, ainda que em países de oportunidade e prosperidade.

No sistema do *Dinheiro privado* devemos usar nossos proventos como trapézio para um futuro melhor. Não se pode depender do Estado por toda a vida. Com o fundo alocado, o funcionário deve comprar uma viatura que o sirva aqui e na posteridade. Ou seja, se de todo ele for comprar uma viatura (porque em alguns países o sistema público de transportação é eficaz), então que compre pensando no seu regresso e utilidade desse meio em seu País. Isso é o que chamamos "conectando sua actual função com o futuro pós-missão".

Primeiro, a tal viatura executiva pode ter acessórios mais caros do que o funcionário possa suportar. Além do mais, pode nem sequer ter assistência técnica no País de destino, ou simplesmente demandar uma manutenção mais dispendiosa. Pense nisso.

Segundo, um problema que acontece aqui e no porvir, é que a referida viatura tem menos lugares do que o porte familiar e, portanto, obriga a compra duma outra viatura. "Compre de acordo com a sua disposição ou projecção familiar". É importante recordar uma vez mais, de que o sucesso económico do funcionário está na redução de despesas, e o fracasso, no incremento delas.

Existem, desde algum tempo a esta parte, carros de 6 e até mesmo 4 cilindros, com a capacidade de acomodar 7 a 8 pessoas. Alguns exemplos para seu governo, são o Honda Pilot, Toyota Highlander, Mitsubishi Montero e Pajero, Nissan Pathfinder, etc.

Outra acção desmedida é a compra de viaturas com 8 ou mais cilindros, que têm deixado muitas carteiras órfãs e fazendo de garagens hospedeiras permanentes. Não faça isso funcionário! Fique dentro de suas limitações e possibilidades, tendo em conta uma readaptação sem muitas interrupções. Numa das minhas primeiras viagens de visita a Luanda, estive com um amigo de infância em sua casa, e notei na garagem, empoeirado e resignado um carro. Pensando que estivesse avariado, nem sequer procurei saber qualquer outra informação. Porém, meu velho amigo, compelido pela síndroma "imagem", e a vontade de mostrar-me que a vida tinha melhorado, procurou dizer-me que a viatura era sua, adquirida no Dubai, mas que estava parada por "*beber muito.*"

Além do mais, como mencionado anteriormente, o conselho é comprar um investimento que possa trabalhar pelo funcionário no período pós-missão. Nesse contexto, dependendo do seu País de origem e facilidades da indústria, compre uma viatura que possa no regresso lhe servir como táxi, aluguer, ou caso for necessário, uma possível comercialização. Essa foi sempre minha mentalidade durante os anos que militei como aluno universitário, onde frequentemente comprava e vendia carros aos meus colegas e vizinhos.

Finalmente, sendo este até um conselho dilecto da nossa parte, evite comprar a mesma marca, modelo e feitio que todos os outros funcionários estão a comprar. Esse é o grande problema que se cria quando no sistema *Dinheiro comum*, o Estado compra e atribui o mesmo tipo de viatura para todos os funcionários. Essa é a resposta ao desejo dos ladrões. Consegue perceber? Não faça isso! Sobretudo, enquanto continuar a ter ligações com colegas no País onde adquiriu a viatura, ou a possibilidade de viajar em visita a esse País e adquirir acessórios. Não faça isso, se não o seu colega de missão vai inadvertidamente patrocinar o próprio ladrão. Pense nisso.

Alguma vez seu carro foi assaltado no seu País de origem? Quem mandou assaltar? Para onde foram parar as peças roubadas? Quem as comprou? Porque as roubaram exactamente de seu carro?

Em suma, a ideia principal do sistema *Dinheiro privado* é uma maior racionalização de recursos, permitindo assim um maior e contínuo proveito e valorização do empenho do Estado e sacrifício das famílias em geral. A ideia aqui muito particularmente, é que no final da missão, ainda que *"ficar o proveito"* no exterior, o funcionário possa regressar para seu País tendo sempre a *"cabeça a gingar"*. Portanto, *dinheiro privado* = saco cheio.

P − QV = U *(Posição Menos Qualidade de Vida é igual a Utopia).* Pense nisso. *"Quando você vai com a corrente, as ondas determinam seu destino"* HSC. O inverso seria uma melhor racionalização para terminar a jornada com melhor proveito.

> *"Não permita que o que você não pode controlar, perturbe o que você pode fazer"*
> HSC.

PALAVRAS FINAIS

Queria muito nessa primeira edição da série *ABC (Acções Básicas e Concretas)*, não me alongar muito, mas, contudo, é necessário fazer algumas considerações para solidificar a mensagem que pretendemos veicular. Há alguns anos atrás formulei o pensamento referido acima, e é com ele que gostaria de poder reflectir e encandear ainda mais tudo o que já foi dito. *"Não permita que o que você não pode controlar, perturbe o que você pode fazer."* Vamos seguidamente analisar e contextualizar para melhor entendimento e aplicabilidade, quer seja na situação, circunstância ou vida diária de cada leitor dessa edição. *O que é que você não pode controlar?*

No início dessa edição fizemos alusão ao aspecto cultural, para propor que muitos são vítimas ou produto do meio em que nasceram ou cresceram. Talvez você não tenha tido oportunidade de nascer ou crescer num berço, família ou cultura onde a instrução acerca da gestão financeira acompanhasse o alfabeto e as lições de vocabulário. Talvez você nunca tenha sido instruído a gastar menos, poupar mais, ou a investir para o seu futuro.

Porém, esses são aspectos que você e eu não podemos controlar. Portanto, sendo assim, é história, passado, e pode apenas servir de motivação para nos impulsionar a uma atitude e altitudes diferentes. Todavia, de maneira nenhuma pode-se permitir que isso perturbe o que você pode fazer de agora em diante, com todo o conhecimento e experiências adquiridas. *O que é que você pode então fazer?*

O sonho da Elizabeth é apanhar 1 milhão de dólares, e o meu desejo é que ela saiba de facto o que fazer com esse dinheiro, e que pelo amor de Deus me inclua em seus projectos. O objectivo dessa edição é que você se capacite e saiba o que fazer, contribuindo assim para um futuro com estabilidade financeira para você e para os seus, perspectivando sempre um cenário com mais *kumbu no kafokolo*. Assim, o que você pode fazer é implementar estratégias para criar melhores condições de vida, através de oportunidades que começam com o saber.

> **A diferença entre o sucesso e o retrocesso está na implementação.**

A maioria absoluta dos cenários e exemplos em que contextualizamos essa edição, deve proporcionalmente abranger alguma situação ou circunstância na vida de cada um de nós ou de pessoas próximas a nós. *A diferença entre o sucesso e o retrocesso está na* **implementação**. Pense nisso, implemente isso e o resultado será certamente, mais *kumbu no seu kafokolo*.

A saga de Talita e Victor Miguel é um passeio literário épico. O autor nos faz mergulhar num universo de muitas e diferentes emoções. É quase impossível não vir às lágrimas com a aparente injustiça e impotência humana nas limitações impostas pelas circunstâncias sociais, superadas pelo corajoso labor de uma mulher que ousou crer.

Momentos de profunda emoção nos provam que afinal, a justiça e a misericórdia divinas, se encontram acalentando-nos as frustrações e apreensões com que os protagonistas, por vezes nos assaltam.

Humberto Solano Costa demonstrou de forma cabal em todo o seu romance o que pode realmente superar a desigualdade social.

Talita & Victor Miguel
Humberto Solano Costa
Christian Editing Publishing House
ISBN 978-1-938310-86-7
Categorias: Testemunho. Narrativa.
Softcover, 5.50" x 8.25" (14 x 21 cm).
Páginas: 72
Preço de venda: US $9.95